骊泉暖香

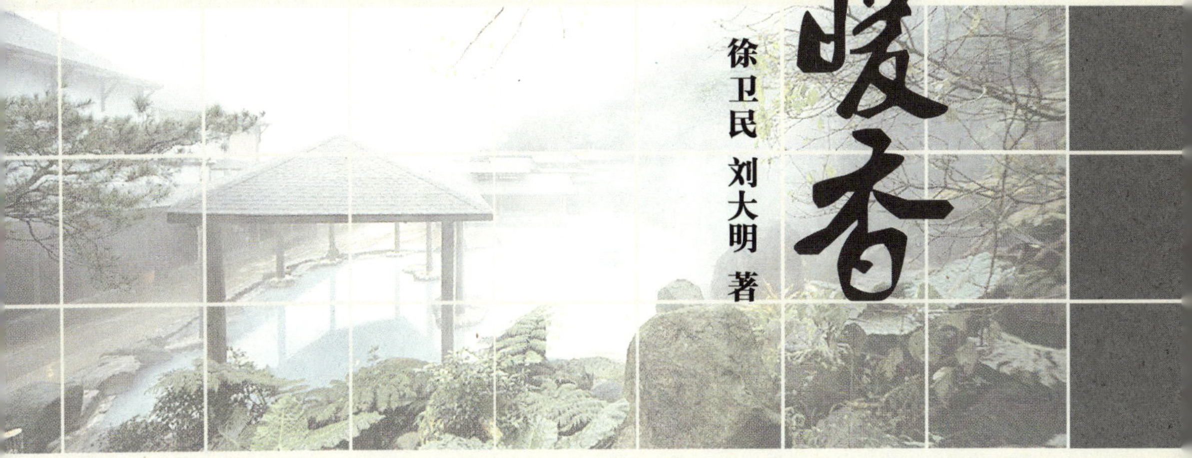

徐卫民 刘大明 著

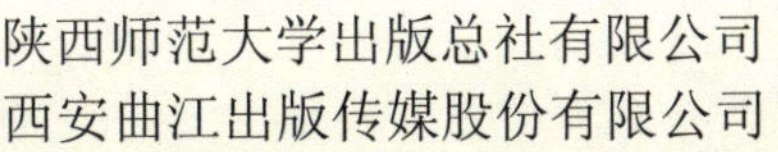
陕西师范大学出版总社有限公司
西安曲江出版传媒股份有限公司

《骊山物语》系列丛书编委会

序一
骊山的气场

有一个地方，经历了三千年的繁华，还一直守护着中国文化源脉；有一座山，享尽着历史的殊荣，仍呈现着人间罕见的佳景，这就是临潼和临潼的骊山。不可无一，不可有二啊！2011 年，西安以著名的“曲江模式”，投资 900 多亿元，开始打造国家级旅游休闲度假区，临潼和骊山又一次荣耀于今日之中国。

临潼国家旅游休闲度假区以丰富的历史遗存，独特的文化属性，以及山水形胜的自然景观，构成“一心一带三湖四区五谷”空间格局，将于三五年内完工，但其文化建设却是一项长久的大工程。也正基于此，管委会策划、组织、出版《骊山物语》系列丛书。对于临潼和骊山，先前是有过一些图书，要么是旅游、指南类，要么是围绕秦始皇兵马俑的考古、研究类的，都无法承担起对临潼、骊山的文化结构梳理。《骊山物语》这套丛书意在整合临潼、骊山秦文化、唐文化、山水文化，并梳理其体系，比如女娲文化、梨园文化、丽人文化、游乐文化、石器文化、养生文化、温泉文化、园林文化、始祖文化等等，这就有了《骊脉归秦》、《咥哉寿康》、《女娲抟土》、《长恨歌词》、《华清宫苑》、《骊山绣语》、《梨园百戏》等二十多册。

这些丛书的作者，都是在各领域卓有成就的知名学者，他们考证严密，史料丰富，内容通俗，文笔生动。可以说，这是一套极具文史性、文学性、知识性、故事性的读物。它并不仅仅是周期性的品牌宣传，而是有着历史的和现实的意义，长久发挥着魅力。

作为一个西安市民,我在急切的关注着临潼国家旅游休闲度假区的建设,作为一个写作人,我推荐着这套《骊山物语》系列丛书,愿更多的读者接受和喜爱。

贾平凹

(作者系陕西省作协主席、当代著名作家。)

2011 年 6 月 5 日

序二
名山·名水·名人

“山不在高,有仙则名;水不在深,有龙则灵。”古人如此评价山水,是大有道理的。我不好说哪儿的山和水兼具了这一旗帜高标的准则,但我敢说,临潼的骊山与华清池,绝对拥有了这一切,甚至可以说,还大大地高出了这个标准。因为,在名山(骊山)、名水(华清池)之外,还有名人,还有诗。

“春寒赐浴华清池,温泉水滑洗凝脂”,“后宫佳丽三千人,三千宠爱集一身”,及至安史之乱,“六军不发无奈何,宛转蛾眉马前死”,白居易的诗,杨玉环的事。受宠在大唐君王李隆基之侧的杨玉环,千百年来更受宠在名人大家的情怀里,琢磨她该是怎样一种丰腴,胖乎乎婴儿一般吗?在骨头的缝隙里都填进柔弱凝脂的肉团团吗?想象中的她哪怕胖一点儿,却也是不失舞者的轻盈呢,加之她衣着上的华丽和开放,便俨然如一朵国色天香的大牡丹,盛开在大唐的天宫里,活泼着、健康着、美丽着,别具一格。我生活在西安,但我想,天下说得汉语的人,应差不多该与我一样,不只把这里的景色和人物收在了眼底,而更是深深地刻在了心上。

胖娇娃杨玉环只是其中一个人物,与她可以媲美的还有个褒姒姑娘。褒姒姑娘美到怎样一个程度呢?有记载的文字不如杨玉环多,我们不好乱作想象,但知好色的周幽王遍寻天下美女都不如意,直到褒姒入得宫来,周幽王可是一见钟情,宠之不及,爱之有加。可是他的百般呵护,千般宠爱,却无法换来美人一笑。为博美人一笑,烽火台上狼烟冲天而起,骊山脚下火速赶来救驾的诸侯军队,他们匆匆而来,又黯然退去。这一次退去的不只是诸侯的军队,还有周幽王的性命和西周的江山。

北方有佳人,一笑倾人国!

站在骊山之巅,泡在华清池的汤水里,我是会想起进入历史册页里的帝王和他们的嫔妃的,他们之间的悲情与浪漫,所勾连出来的无限暇想,不知还要催生多少让人唏嘘不已的怜悯之情啊!那是会幻化为片片旖旎,徘徊在人的心头,让人感觉到高耸的骊山和温润的华清池,都将无法躲避地沉浸在那浓得化不开的情感纠结和绝唱中了。

当然,两位艳绝历史的美人,甚至两个风情万种的帝王,都还不足以涵盖骊山和华清池的大名。这里还有千古一帝秦始皇的陵寝,以及为他陪葬的兵马俑,如真人一般的,列队威武的兵马俑啊!吸引来多少国家的政要与文化大家,千里万里的,漂洋过海而来,他们是要惊叹了,惊叹那埋在地下的被称为世界第八大奇迹军阵。

不用翻资料,也不用问别人,就在骊山之上,就在华清池之滨,有着太多太多的文化遗迹,老君殿、老母殿、烽火台、达摩洞、秤锤石、饮鹿槽、遇仙桥、举火楼、舍身崖、石瓮谷、晚照亭、兵谏亭……任意地往下罗列,我不知要废掉多少笔墨呢!是的,我不好肆意啰嗦了,因为每一处文化遗迹,都有他不可取代的地位和故事,那么,我就最后说说补天补地的女娲娘娘吧,她可是我们中华文明史上的老祖先哩。

女娲娘娘的洞天福地就是骊山上的老母殿了,殿前有一方平场,传说女娲娘娘抟土造人,最初是依靠着人的性格,配着对儿来捏的,捏成后,恩恩爱爱的晾晒在平场上,但是不好,刮来一阵风,带来一场雨,女娲娘娘可是担心晾晒着的人儿的,她胡乱的收起恩恩爱爱的他们,堆在老母殿里,等到风散云去,阳光明媚,她又从老母殿里拿出泥捏的人儿。问题出在了这个时候,女娲娘娘把恩恩爱爱的人弄乱了,再也配不成原来的对对儿了,造成的后果是,恩恩爱爱的人儿少之又少,而一个哭的搭着一个笑的,一个笑的搭着一个哭的人儿多之又多,不胜枚数了。

对于此,我们是不好赖女娲娘娘的,她依然不知疲倦的创造着人类。就在这时,水神共工和火神祝融大战天地间,共工败而怒触不周山,遂使天柱折坏,天倾西北,地陷东南,人间遭受了一场可怕的灾难。女娲为解子孙的安危,她端来东海之水,浇灭了大地上的火,又从大江大河拾来彩色石子,炼成石浆,擀成一张一张的石饼,先补好了天,又补好了地。为了纪念补天补地的女娲娘娘,人们把她尊为天下"老母",并在农历正月二十日吃烙馍,过"天穿节",祭祀"老母"的救世功勋。

历史文化异常丰富的骊山和华清池所在地临潼，有说不完的故事和传说，我在想，她还会创造新的故事和传说。

就在现在，就在今日，临潼迎来了一次创造历史的新机会。这个机会虽不能与女娲娘娘补天补地大功媲美，但也有其独具风采的一面，也就是说，女娲娘娘的补天补地，只是一个遥远的传说，而独具风采的这一次机会，却是真真切切，实实在在的一个事实。

创造这一机会的是站在西安发展潮头上的曲江管委会，他们遵循西安市委、市人民政府的决策精神，于2010年2月11日挂牌成立了西安曲江临潼国家旅游休闲度假区管委会。2010年4月29日，这个国内最大、最具国际化水平的旅游休闲目的地——临潼国家旅游休闲度假区，拉开了建设序幕。一年时间过去了，这些规划在纸上的项目，已大见成效，不仅如此，骊山文化景区、中央湿地公园、骊山影视基地、生态谷等项目的建设也已启动。相信，不久的将来，这个区域面积27.33平方公里，集文化旅游、休闲度假、康体养生、温泉疗养、商贸会展为一体的具有国际影响力的国家旅游休闲度假区，将傲然矗立在世人面前。

自然、历史、人文是这一区域发展的依托资源，绿色低碳、城乡统筹是这一区域发展的基本理念。为了更好地实现这一目标，西安临潼国家旅游休闲度假区的建设者策划出版了《骊山物语》系列丛书，其分册兼具历史文化与旅游休闲内涵，彰显度假区独特气质，我们期待丛书的早日面世。

吴克敬

（作者系西安市作协主席、当代著名作家。）

2011年6月6日

引言

天下温泉看华清

人类与温泉的历史该从何算起？寒夜里，人们靠它来汲取温暖；在食物匮乏的冬季，走进温泉谷，却能发现葳蕤茂盛的植物和瓜果；野兽和荆棘造成的伤痕，可以在温泉中痊愈——这也许是来自远古时代人类与温泉的最初历史。

100万年前的陕西蓝田人，生活在温泉的附近；60万年前的南京猿人，生活在著名的汤山温泉附近；6000年前，姜寨先民们，同样生活在骊山温泉附近。这是否证明中华文明的初祖诞生于温泉？答案已经不言而喻了，温泉的历史与中华文明的演进已记录于史册，彪炳于时光的长河中，其中最富盛名的当属"天下第一御温泉"——华清池。

华清池，亦名华清宫，位于西安市临潼区骊山北麓，西距西安30公里，南依骊山，北临渭水，其内温泉形成于二、三百万年以前，因秦岭断裂带骊山发育断层，地下水沿断层下流，受地热加热后流出地面，形成温泉。温泉水来自地下的"常温层"，水温常年保持43度，不受四季变化的影响，"不以古今变质，不以凉暑易操。"每小时流量113吨，数千年来，"与日月同流，无霄无旦，不盈不虚，将天地而齐固。"自周、秦、汉、唐以来，历代帝王均在此修建汤池沐浴，使其逐渐成为皇家御用温泉，朝中大臣能在此沐浴也是一种恩赐。现华清池院内夕佳楼处有一温泉古源，距今已有数千年历史，足见华清池温泉利用之早。

华清池作为古代帝王的离宫和游览地已有三千多年的历史，周、秦、汉、唐等历代帝王都在这里修建过行宫别苑，以资游幸。冬天利用温泉水在墙内循环制成暖气，每当雪花飘舞时，到了这里便落雪为霜，故名飞霜殿。相传西周的周幽王曾在这里修建离宫，为博褒姒一笑，在骊山烽火台上点燃烽火，戏弄诸侯，却不料丢了江山;至秦、汉、隋各代先后重加修建,到了唐代又数次增建。名曰汤泉宫,后改名温泉宫。到了唐玄宗时又大兴土木,治汤井为池,环山列宫殿,此时才称华清宫。因宫在温泉上面,所以也称华清池。唐天宝六年扩建后,唐玄宗每年携带杨贵妃到此过冬沐浴,在此赏景。从开元二年(公元714年)到天宝十四年(公元755年)的41年时间里,唐玄宗先后来此达36次之多,华清宫也一度成为大唐帝国的第二行宫,见证了众多历史事件的发生。安史之乱后华清池一度衰败,直到西安事变再次进入人们的视线,成为见证中国历史发展、转折的亲历者。

相比华清池的不凡历史,其他各国的温泉则以姿态各异、气象万千的温泉景观和温泉文化制胜。风吕民族日本境内星罗棋布的温泉,从海上小岛到山中秘境,处处都有养颜健身的泡汤或各式观赏性温泉,堪称“温泉王国”;英国巴斯人将温泉沐浴归结为“生活就是洗澡”;法国温泉则以医疗美容著称;土耳其温泉更是以全人类的智慧创作了丰富多彩的温泉洗浴方式。

不管是华清池为代表的中国温泉还是国外形色各异的温泉文化和温泉形态,其共同的旨归只有一个——休闲。《诗·商颂·长发》中释“休”为吉庆、美善、福禄,“何天之休”。“闲”通“娴”,娴静、思想纯洁与安宁之意。人倚木而休,使精神得到休整,身体得到颐养,与自然浑为一体,赋予生命以真、善、美,具有了价值意义。亚里士多德也在他的《政治学》一书中曾提出“休闲才是一切事物环绕的中心。”这也许正在某种程度上解释了温泉何以成为中华文明初祖的诞生地,华清池何以成为中国历史的见证者,温泉何以在全人类各民族当中备受欢迎的原因。

江山风月本无常主,闲者便是主人。东坡先生这句话的的道出了温泉的真谛,正应了温泉休闲的本质。《骊泉暖香》书稿不过数十万字,愿以力透纸背之心,追寻生命的本质,籍借华清池温泉为由头,在吉光片羽中探寻历史长河里最可宝贵的智慧。

徐卫民

2011年11月20日

目录 CONTENTS

『第一章』

万古长流直到今
——中外温泉的发展史

山不在高，有仙则名，泉不在深，温热则灵。在苍山翠柏间，一线流水潺潺而出，贮一汪泉水，清澈见底，冒着微微的热气，微起波澜，置身青山秀水之间，沐浴在温热的泉水之中，慵懒和轻松同在，舒心与闲适共生，这将是何等的惬意。呼吸着山野的凉风，欣赏着落日的余晖，与大自然零距离亲近，我们真要感谢大自然的慷慨恩赐——温泉。

一、温泉概述

人类对温泉的认识由来已久了，中国古人最早把温泉叫做“汤”或者“汤泉”。“汤”在汉代许慎《说文解字》中，指热水或开水的意思，“汤泉” 即温泉。西汉司马迁认为五千年前的神农时代，“神农尝百草之滋味，水泉之甘苦，令民知所避就，一日而遇七十毒”；《水经注》也多次提到温泉的“沸腾”，“其水温热若汤”，“温水出太一山，其水沸涌如汤。”这些文字描述了温泉的水温之高如同沸腾的汤水一样。

《水经注》中记载温泉有 31 个，按温度从低到高分为 5 个等级，依次为“暖”“热”“炎热特甚”“炎热倍甚”和“炎热奇毒”。如“炎热特甚”的温泉，可以将鸡、猪等动物的毛去掉；“炎热倍甚”的泉水能烫烂人的足部；“炎热奇毒”的泉水可以将稻米煮熟。

除了水温的不同，人们也注意到了温泉水质的差别，且在近千年前就将温泉分门别类。宋代诗人胡仔《苕溪渔隐丛话》把温泉分为五种：硫磺泉，汤泉多作硫磺气，浴之则袭人肌肤；朱砂泉，惟

◎ 温泉从地下涌出

新安黄山是朱砂泉，春时水即微红色；矾石泉，长安骊山是矾石泉，不甚作气也；雄黄泉，朱砂泉虽红而不热，当是雄黄耳；砒石泉，有砒石处，亦有汤泉，浴之有毒。这种分类虽然与现代温泉的化学分类有很大差别，但是从当时的生产水平来看，也颇为先进。

医学家李时珍在《本草纲目》中将我国的矿泉分为热泉、冷泉、甘泉、酸泉和苦泉。可见我国古代对温泉的认识和研究已颇有成就。

虽然古人对温泉有一定的认识，但温泉如何产生，温泉为何隆冬不冷等问题依旧是难解之谜。史载明代武宗皇帝(正德)有一次去北京小汤山温泉游玩。有一位王姓宫女随行，明武宗题了一首诗赐给这位宫女，诗中写道："沧海隆冬亦异常，小池何自暖如汤？溶溶一派流今古，不为人间洗冷肠。"明武帝在诗中即提出了"小池何自暖如汤"的疑问。

◎ 隆冬不冷的热温泉

为了解释这些疑问，人们往往将美好的传说故事附会其上。有人认为在女娲把五彩石煅烧成灼热的石液补天时，由她指缝中滴落下来的石液把地上的水烧热了，这些水进入地下，再由石缝中流出时就成了温泉。

还有一个传说认为很久以前，天空中有十个太阳日夜照射，烤得大地就像火炉一样炽热难耐，后来有一位勇敢的少年站出来为民除害，用他的神弓神箭一连射落了九个太阳，这九个被射落的太阳压在山下，于是山下的水被烧热了，当水从石缝中流出来时就成了温泉。这两则故事都充分反映了古代人们探索温泉如何变热这一奇特现象的渴望。

◎ 硫磺塘

事实上，温泉的形成主要和地球内部热能有关。一种是地壳内部的岩浆作用所形成，或为火山喷发所伴随产生。火山活动过的死火山地区，因地壳板块运动隆起的岩浆会不断地释放出大量的热能，附近有孔隙的含水岩层受热会成为高温的热水。另一种是受地表水渗透循环作用所形成。也就是说当雨水降到地表向下几千米深处，再流到热的岩浆体附近时，也会被加热而形成地下高温热水。

温泉水多是由降水或地表水渗入地下深处，吸收四周岩石的热量后又上升流出地表的一般是矿泉。泉水温度等于或略超过当地水沸点的称沸泉。中国沸泉为数不多，主要分布于西藏南部、云南西部、四川康定、巴塘间以及台湾大屯火山区和宜兰的清水、土场一带。沸泉以温度高、地热现象丰富而吸引着文人士大夫游览，因而留下了大量的历史记录，成为研究地热区动态变化的宝贵资料。记述热泉的文献最早可追溯到东晋时代，常璩在《华阳国志》中首先描述了川西安宁河谷的喜德红妈温泉。明代地理学家徐霞客曾对云南腾冲人民如何从地热流体中提取硫黄作过详细描述。他在《滇游日记》中提及的温泉有22处，其中着墨最多的是腾冲硫磺塘，次为腾冲瑞滇、洱源九气台和滇东的安宁温泉，其中最典型的温泉是硫磺塘。据说，徐霞客当年考察之时，因天公不作美，风雨大作，当他进入澡塘河后即迷失方向，以西作南，以北当西，整整转了90°，直到硫磺塘村才更正过来。虽然他仅考察硫磺塘一处，却窥见峡中蒸腾之气，如浓烟卷雾之势。而300年后，当年“一池大四五亩”的沸水池，已荡然无存，代之以黄沙裸露、热气升腾

◎ 间歇泉

的放汽地面。而“水汽从中喷出”的一穴，今日已不复存在，估计可能因为历经一次强烈的水热爆炸后而成为今日的大滚锅。

人们认识温泉与利用温泉消除百疾几乎同时发生，张衡《温泉赋》曰：“有疾厉兮，温泉泊焉。”《水经注》多次提到温泉可以“治百病”。如“鲁山皇女汤，可以熟米，饮之愈百病，道士清身沐浴，一日三次，多么自在，四十日后，身中百病愈”，说明当时人们对温泉的养生价值已有了一定的认识和研究。

南北朝萧梁时期，有位太后用泉水治好了皮肤病，此泉被皇上封为圣泉。唐德宗时候，画家韩晃的女儿得了“恶疾”，四处求医，都不见好，后来听说汤山泉能治，专程送女儿到汤山沐浴，果然治好了她的病。为此，他用女儿陪嫁的费用，在这里修建了“圣汤延祥寺”(俗称汤王庙)。明代李时珍在《本草纲目》中称汤山“温泉能治诸多百病”。另，《平昌县志》记载了西汉时人们对温泉治病的体验，认为温泉可以治疗“诸风筋骨挛缩及肌皮顽痹、手足不遂、无眉发、疥癣诸疾”。而古代歌谣称“日落荷锄务农归，温泉清水洗尘灰。如浴神仙甘露水，百病不沾长百岁”，形象地说明了温泉改善皮肤微循环，抑菌止痒硫当先。一般说来，温泉中都含有硫元素，具有很强的抑菌、止痒作用。另

◎ 温泉养生

外，温泉水的热度对改善皮肤表面微循环也有功效，且所含的大量微量元素可补充皮肤中所缺的微量元素，从而加快问题皮肤的恢复。

◎ 温泉浴

毋庸置疑，在温泉洗浴后，人们会感觉到神清气爽，特别舒服。看来，温泉真的有其他热水替代不了的功能！

二、国外温泉发展概述

西方温泉的历史文化久远浩繁，绚丽多彩，是人类文明瑰宝的组成部分之一。它也许是抒情诗、风情画，也许是田园曲、葡萄酒，沐浴着生生不息的人类子孙，给人以美的享受和无尽的熏陶。

西方利用温泉经历了对神秘海水的向往、温泉的发现及从温泉到水疗的三个阶段，反映了西方对温泉从认知、利用到推广的历程，既充满了人们膜拜神灵的历史，又完善了其温泉沐浴文化的创造。

人类将水用于医疗由来已久。早在公元前500年欧洲就有记载，海水可以治疗人类一切疾病。而古希腊人更相信海水具有清洗恶性肿瘤组织与刺激神经的效力。这与希腊以神灵为崇拜对象是密切相关的。希腊远古时代已有若干重要的神祇出现，进入荷马时代后，诗人运用丰富的想象力把流传各地的神灵编织进神话故事中，逐渐形成神灵世界体系。他们的工作促进了希腊人神灵观念的发展，对希腊物质生活和精神生活的发展起到了重要作用。可以说，不了解希腊神灵的基本特征，就不可能完整地把握古希腊人对神秘海水的向往。古希腊人对海洋也自然地构造出一位能够掌握海域的神灵——海神波塞冬。波塞冬是希腊神话中十二主神之一，他是宙斯的哥哥，地位仅次于宙斯。他与弟弟宙斯一同战胜了父亲克洛斯之后，共同统治世界。他负责掌管海洋，主宰水域，在水上拥有无上的权威，是大地的动摇者。他能呼唤或平息暴风雨，轻易地令任何船只粉碎。波塞冬曾经与雅典娜交恶。一怒之下，他用洪水淹没雅典城。在争夺雅典城时，他变出第一匹马，所以他也是马匹的保护神。由于对海洋的崇拜，古希腊人对海水疗法无限地扩大，推动了西方人对神秘海水的向往。后来，罗马时期奥古斯都大帝就曾浸泡海水来医治热病。一直到 16 世纪，法国国王亨利三世染上皮肤病之后，在医师的建议下，依旧求助于海水。

或许有人要问：海水疗法使西方人真正享受到了实惠吗？答案是肯定的。神秘的海水使得西方人趋之若鹜，但并不是每一个人都住在海边。当然，海水沐浴衰落主要还是受中世纪时期宗教的禁浴主义影响。

中世纪的欧洲，对沐浴采取终生禁浴的措施。基督教的禁欲主义禁止裸露身体，他们认为肉体会激起肉欲和邪念，进而导致罪恶行为。因此，虔诚的神父和修士、修女们整日以长袍严严实实裹着身体，只留出面部极小部位与外界接触。沐浴意味着裸露肉体，当然应属禁止之列，因此，有不少修士、修女和神父，从出生直至老死，终生没有沐浴过一次。可以想见，这些“灵魂纯洁”的禁欲主义者的肉体，该有何等肮脏！在这些深入人心的观念之下，就不难理解男子沐浴后的水会让女子怀孕等等荒谬观点的存在，所以除非不得已的医疗手段，人们尽可能避开水的洗礼，哪怕是贵族，与水的最大接触也不过每日以水洗手。

法王路易十三在 7 岁之前从未洗过双腿。太阳王路易十四重病,在出血八次后,御医不得已采用沐浴润湿一下国王的身体,随即马上停止这种“副作用”太多的治疗。即便如此,他的同行还讽刺说:御医用富尔热的洗衣水摧残可怜的病人。随着海水浴对疲劳、中暑病人的有效治疗记录不断增加,以及肥皂的出现,在市民中广泛普及沐浴成为可能。但是不是每个人都住在海边,因此温泉浴应运而生。

谁是利用温泉的鼻祖,这个问题颇有争议。有人说伊特鲁立亚人提倡用温泉泥浆浴治病,也有人说普及利用温泉水并在地中海沿岸广建温泉浴室的是罗马人。

然而,西方温泉的发现经历了漫长而复杂的过程,这其中充满了神话色彩。

西方文明的源头——古希腊的文化渗透着温泉的元素。在古希腊神话中,雅典附近的凯沙利亚温泉,是献给爱神阿芙洛狄忒的圣品,促进受孕。实际上,西方温泉的发展与古罗马的公共卫生事业密切相关。在古代世界中,罗马人的公共卫生事业是无与伦比的。公共卫生是古罗马人生活方式的重要特征,也是他们对世界医学做出的最重要贡献之一。

遍布罗马帝国许多城市的大型输水管,向城市居民常年供应净水。罗马城的第一条输水管建成于公元前 312 年前后,到公元

◎ 罗马人建造的公共浴室遗址

96 年,全城已有 10 条大型输水管,每天的供水量较大。其中一半供给公共浴池,另一半供给居民日常使用。除了现意大利首都罗马以外,现土耳其的伊斯坦布尔、西班牙的塞哥维亚和塔拉戈纳以及法国的尼姆等城市,至今仍能看到当年罗马人建造的城市输水管遗迹。城市里普遍建造了富丽堂皇甚至宫殿式的公共浴池,规模庞大,设备豪华。其中由卡拉卡勒建造的浴池可供上千人同时沐浴,由狄奥克莱蒂安建造的浴池拥有三千间沐浴室。这些公共浴池都是用大理石砌成的。

沐浴分好几个步骤,很符合卫生要求:沐浴者先进入一间屋子,脱去衣服,施行按摩;接着进入温热室,促使发汗;然后跨入热水池,行热水浴;最后,又转入冷水池,行冷水浴。随着罗马帝国疆域的扩大,公共浴池的建造越来越广。在小亚细亚、北非和欧洲的许多地方,甚至在英国的巴斯城,现在都能看到罗马人当年建造的公共浴室的遗址。

◎ 日本温泉文化

除欧洲的温泉发现外,在远东、美洲等地,温泉的利用也有着悠久的历史和丰富多彩的文化内涵。日本人将浴温泉叫“泡汤”,将澡堂叫“风吕”,也因之被誉为“风吕”民族。日本温泉从发现到开凿浴式景观等等,都充满着神奇的传说,凝结着浓郁的温泉文化,并大多与僧侣及药师、文人有关。日本人泡温泉十分讲究环境,并配有观山、观海、滑雪、狩猎、放水灯、点篝火等游娱项目。

北美加拿大盐湖温泉水据说也有神效,美洲土著人有一则动人的温泉传说。大约19世纪初,土著居民大量感染天花,死者无数。其中克利族的一支在迁移途中,有好几个人染上天花。某日,队伍走到曼尼托湖边,其他族人不得不舍弃病患者继续前行。其中一个染病者想稍减高烧之苦,挣扎着到湖边饮水冲凉,结果次日竟霍然而愈,于是其他染病者纷纷效仿,也都不治而愈。

罗马的桑拿、土其浴的温泉都装饰豪华典雅,自然与人文景观相融,服务周到细致,充满着浓郁的温泉文化气氛。

综上所述,各国温泉发展均有所不同,但有一点值得肯定的是,温泉已完成从神水到医疗的转变,向更多彩的水疗方向开展。

从温泉医疗史的发展来看, 古罗马人的医术承接古希腊人,医师们指导病人以水疗法医治从宿醉到精神错乱的所有疾病,温泉浴场更演进为带有一个圆形的发汗室,即热气浴室。在大约公元330年,罗马君士坦丁大帝把洗浴文化引进了拜占庭。土耳其人攻占了君士坦丁堡(1453年)之后,他们富有创造性地将罗马的热水浴与蒸汽浴改造为热气浴。到了17世纪, 公共浴室衰落之后,人们建起了箱子、柜子或木头做成的桶状“小浴室”,他们可以“随意搬动这些浴室,可以在蒸汽中尽情享受”。

可以说,在以往的各个时代中,水疗法虽然没有专书记载,也没有出现什么名家,但一直为人们笃信不疑,水的神秘力量在全世界都被人们采信。

随着科学时代的到来, 医学的发展方向开始讲求科学依据。

因此,水疗法大受实验室医生的挑剔,几近于湮灭无闻。1820年,欧洲中部西莱西亚地区有一位普通的农夫——普瑞斯尼兹(1799-1851)自称发现当地冷泉水的疗效,因此他在一处风景优美的住所建造了许多户外浴室,即现在耶塞尼克温泉地的前身。此地确实风景独好,在疗养地旁边的斯图特尼奇岗斜坡上,日夜不停地喷涌着60股用于治疗的泉眼,放眼看去是蓝天白云、恬静的田园风光。身为文盲的普瑞斯尼兹理直气壮地与医生们竞争,他向那些富裕的人们招手,告诉他们这里不但提供美好的风光,还可以治好病人身上医生看不出来或者无法治好的病。他说:清淡的泉水可以将一个人洗健康。他让时髦而又健康的"病人们"接受冷水澡、按摩,还安排他们干点劈柴之类的农活。他除了因人而异地制定医疗方案外,还提供了积极的休闲活动。总之,在他的努力下,慢慢地水疗院许多病都能治, 而且在病人之间的口碑异常不错,治愈的病人也越来越多。如在1829年,他只治愈了45名病人。但到了1843年以后,他却每年平均有1500名病人。

当整个欧洲都在盛传这家水疗院的时候,引发了一轮兴建水疗院的热潮,医生们则试图阻止这种活动。或许是因为水疗院抢走了他们的病人,特别是最富裕的一批病人。医生们在欧洲各地寻找盟友,发出呼吁,写了一篇篇批驳水疗的文章。甚至寻求当地政府帮助,去水疗院检查设备。此外,为了找到合理的让病人回到医院的科学依据,他们切开洗澡的海绵,希望找到藏在其中的万灵丹,可是他们的努力白费了,找到的除了水还是水。面对医生们的攻击,普瑞斯尼兹获得了一些有权势的人支持,甚至奥地利政府也承认了他的治疗方法。

此后, 德国有一位天主教神父塞巴斯蒂安·克奈普(1821—1897) 发明了克奈普疗法——一种锻炼身体、恢复功能性障碍疾病,尤其是恢复呼吸、心脏、血液循环及神经系统功能性障碍病症的非专业水疗方法。其实,这种疗法的发明与克奈普的亲身经历有关。据说,在学习神学时,他开始咯血,继而染上了严重的肺病。有一天,当他在某书中读到“净水的神奇疗效”后,一时心动,就在多瑙河里用严寒刺骨的水给自己治疗,肺病竟然一去无踪。作为一个满怀热忱的传教士,他把自己的治疗心得与教友分享,并写下了《我的水疗》一书。这本书的一版再版更让他的治疗工作闻名遐迩。不过这位教父在诊断时总要征求医生的意见,而且一再要求医生对他的水疗进行分析,并从专业的角度来进行论证。这是因为他本身并不具备专业知识。其实,水疗法一点也不神秘,它之所以对多种疾病的防治有效果,是因为水疗是一种自然疗法。克奈普对病人最主要的帮助是为了缓解他们日复一日的压力,提供了一套养生保健方案而非治疗方案。需要说明的是,他提供的这套方案并无意和医生竞争,只不过是医生太过于敏感而已。

当水疗法刚传到美国时,人们对它可是非常好奇。他们天性热诚而善于探索,更是毫无顾忌地把水疗法用于各种疾病,并且总结出一套又一套接近科学的理论,其中有一位萧(Joel Shew)医师发展出一套系统的水疗法。萧医师曾对病人说:湿被单才是主要的治疗依据,因为“水要经由浸出与渗漏,由皮下吸收后”,才能达到健康的目的。因此,女人必须在衣服内穿上湿毛巾,紧紧地裹住腰部,每3小时换一条新的湿毛巾。总之,弄湿,保湿,一直湿到你离开这家水疗院为止。

为了水疗事业的发展,萧医师对工作非常负责。他和助手经常巡视病人,主要是让病人不要舒服得以至于睡着了。当有人问他,病人要是打盹了怎么办,他会毫不犹豫地说“用水”,并补充道:“用水叫醒他。最好不要一不留神地喝了水,而应该喝一定分量的水。”又有人问,“出血性的溃疡呢?”萧说:“咽冰块。”他和助手随时准备着为病人缓解疼痛、治愈发热,以及“打盹时还能保持警觉”——用水。其实这种水疗法一点也不神秘,当人们水量摄取不够,身体某些部位就会因不协调而产生疾病,需要补水。后来,人们发现水疗的机理无非是温度刺激、机械刺激和化学刺激，能对皮肤、心血管系统、泌尿系统、呼吸系统等产生有益的影响。比较常见的水疗法有药物浴、气水浴、水中运动等。

◎ 现代温泉 SPA

今天，我们可以在世界各地看到的 SPA 休闲馆，其实提供的就是水疗法的一种。SPA 为拉丁文“solubrious par aqua”的缩写，意思为“平衡健康之水”。据考证 SPA 的名字起源于罗马帝国时期比利时的一个叫“SPA”的小镇，因为那里有一股温泉，以可以美容甚至治疗疾病而闻名。到了近代，科学家才揭开温泉的秘密，即泉水中的精油成分来源于当地山上成千上万种花卉草木在上游水源的浸积。所以，现在人们就模拟建造类似的环境及水质，使其对人体具有健康及健美作用，即为现代的“SPA”。水疗是 SPA 最普遍的形式。不过，现在的 SPA 概念又有较大的延伸，有人称其为“五感疗法”，即通过人体的五大感官功能——视觉、嗅觉、听觉、味觉、触觉的感知来获得身心舒畅的感觉。

纵观温泉的历史发展，我们不难看出温泉最直接地反映着人们不同时期的不同需求。现代人渐渐把泡温泉作为休闲养生、解压甚至治疗的方法，这种趋势迅速在全球蔓延。

三、中国温泉发展概述

以中华汤为代表的中国温泉历史，与国外温泉的历史风格是截然不同的。中国是一个有着五千年文明的古国，中华民族勤劳、聪明、富于创造性，其利用温泉是全方位的，这其中既充满神秘的玄机，又带有人世间的众生百态。在这一过程中，主要是围绕着修仙圣境、祛病神水、逍遥圣地等方面展开的。

中国温泉历史的发展充满神话色彩，而其发现地往往与人间仙境相吻合，让惆怅的人们走进不受外界影响的世外桃源。

中国温泉史究竟起源于何时？这个答案也许已年代久远得不可考了。始初，远古人认识温泉，伴随着水的神话而生。拂去千年尘埃，让我们倾听遥远的水声。

远古的地球静谧而安详，黄河清且涟漪，黄河流域的支流密如蛛网，沼泽星罗棋布，陆地上的动物和水里的鱼虾，构成了祖先文明的开始。随着社会的逐渐发展，人们的生活习惯也发生改变，关于生命问题的探讨也渐渐多了起来。相传，经常会有女子沐浴吞物而受孕生子的故事，其中流传最广的是“玄鸟之卵”。

殷商民族认为上天派遣燕子下凡，诞生其始祖契。商朝始祖契的母亲是有娀氏之女，名字叫简狄，帝喾的次妃，一直没有孩子。为了得到一个儿子，简狄就在玄鸟至之日，与妹妹同浴求子，在无意中，她吞下了一个燕子蛋，于是生下了契。沐浴吞食鸟卵受孕生子的神话，说明我们的民族在不断地寻求生命起源。《山海经》中也有大量记载，一些神话多与沐浴有关，颇有些奇特突兀。特别典型的是羲和浴日和常羲浴月的故事。羲和，是伟大的太阳女神，她生了十个太阳儿子。这十个太阳住在汤谷，汤谷又称旸谷、甘渊，这里的水滚烫滚热，是羲和为十个太阳儿子洗澡的地方。汤谷上有一棵大树，叫做扶桑，树高数千丈，矗立在海水当中，九个太阳住在下面的枝条上，一个太阳住在上面的枝条上，兄弟十个轮流出现在天上，一个太阳回来，另一个太阳才出去，每个太阳里面都有一只金色的三足神鸟。十个太阳轮流值班，都由母亲羲和驾车接送。羲和每次送太阳儿子去值班前，都先为太阳儿子洗个澡。

◎ 漫画 羲和浴日

常羲浴月也是一个神话故事。常羲是伟大的月亮女神，帝俊的妻子。她生了十二个月亮，就在西方荒野的海水里为十二个月亮洗澡，用意大约与太阳女神羲和给太阳儿子洗澡相仿，把月亮洗得亮堂堂的，好让他们去值班时，更能尽其职责。无论是羲和浴日还是常羲浴月均蕴含了这样的观念：浴日浴月的意义在于使新生的太阳、月亮获得生长的力量，用于浴日浴月的水则是生命力的象征。当然，浴日浴月所用的水均是人们所向往的温水，能代表祖先对生命价值追求的神水。

随着神话的诱惑，古人往往把有水的地方看成梦幻仙境。他们在此“修仙成道”或“归隐山林”，享受大自然所赐予的神秘境界，最终将自己的思想上升到与众不同。因此，一段段神话传说中具备仙境的高山名泉，成了帝王“得道成仙”或“归隐山林”的人士首选之地。据说远古时期，蚩尤部落已经使用了金属兵器、盔甲，蚩尤还是铜头铁身。因此，轩辕黄帝与蚩尤大战后付出了极其沉重的代价，他认识到金属的重要性，对金属资源的需求显得格外强烈，所以黄帝南征寻找铜矿和冶炼铜的技术。他在黄山找到了浮丘翁，学习“炼丹术”。据《周书异记·神仙传》：“炼金为丹，必假于山水，山秀水正，其药乃灵……山高木茂，可为炭以成药，迸泉直泻，状如飞布。下有灵泉，香美清温，冬夏无变，若能斋心洁己，沐浴其中，饮之灌肠，万病皆愈矣。”黄帝在此学到了冶炼金属的技术，后来道家所讲的炼丹术实际上就是古代的金属冶炼技术。我们可以推测黄帝冶炼金属时少不了要利用温泉，最重要的是轩辕黄帝在此沐浴，七七四十九日羽化升天的民间传说。传说轩辕黄帝曾经巡游天下，到黄山温泉洗过澡，头发由白变黑，消除百病，返老还童，温泉因此名声大振，被称为“灵泉”。后人赋诗：“一道出遥岑，潺湲古到今。雪天声泻玉，月夜影摇金。岁旱施功大，民痌被泽深。浮丘与轩帝，仙迹可追寻。”唐代诗人贾岛曾发出“遐哉哲人逝，此水真吾师”的感慨。

◎ 常羲浴月

与以往圣人、帝王修仙踪迹所不同的是，温泉圣境观融入了宗教的发展历史。地处山东半岛的招远是一个不起眼的地方，却因拥有许多温泉，令人神往。天然温泉不仅带来了奇异的自然景观，而且让人们寻找到了心灵港湾。也许正因如此，道士班全真曾在此修炼。“全真”乃是宋元之际在北方出现的一个道教派别，创始人是王重阳。他收了七位弟子，最后都各立门派，人称“全真七子”。其中得意弟子丘处机，曾被成吉思汗封为“国师”，人称丘神仙。所谓“班全真”只是一位姓班、信奉全真教义的道士而已，其真名不一定叫“全真”。

据说某年春天，班老道正在山洞内抄写道教经书，忽闻有人造访。班老道急忙出洞，看见一个穿破蓑衣的道士。班老道寒暄几句后，便要起身烧水泡茶。班老道说："在这荒山野岭，只有清茶一杯，水还十分苦涩，但求道长海涵。"蓑衣道士回答："不对。其实这水是神奇无比的，有助于消炎化痰，补肾健脾，除淤化积，健身益寿，只是微寒。"

班老道心想：这山泉水，难道能有如此奇效，而自己竟一无所知?蓑衣道人又说："这种神奇乃藏于洞穴之中，有待发掘。我这里有区区一点微物，放于水中，或许可以奏效。"班老道将信将疑时，水已经烧沸了。只见蓑衣道士从怀中取出一个小包，投入壶中。奇怪，没有茶却散发出浓郁的茶香来，芬芳异常。班老道喝了一口，更是清香扑鼻，浑身舒畅。

这时，山洞中似乎有股红光。班老道惊奇地问："道长刚才投入的是何等神物？难道是仙境的名茶吗？"蓑衣道士拈着胡须微笑说："师兄既然认为是茶，不妨喝两杯品一下。"班老道一饮而尽。蓑衣道士看出班老道喜欢喝，又说："如果师兄喜欢，不妨再喝两杯。"如此芳香，班老道不由得又多喝两杯，顿时感觉周身温热，脚底下仿佛踩着两个火盆，精神为之大振。因此，他更加惊异了，只见蓑衣道士又不知从何方取出一枚铜钱来，扔进茶壶里。

班老道只听蓑衣道士说："师兄请看。"他看见这枚铜钱漂在水上打旋，过了一会儿，边缘有所剥蚀，一倾斜，落到了壶底，竟然全化了，而壶中水犹沸腾不止。班老道惊呼："神奇，太神奇了！请问道长来自何方？"蓑衣道人这才亮出身份——丘处机。班老道恭恭敬敬地请教"全真"的教义及修炼要旨，两人边喝水边交谈，乐在其中。

第二天清晨，班老道陪同丘处机离开山洞。留守的是班老道的一个小徒弟，他见师父与道士喝了一夜的水，总是热气腾腾的，不知壶中有何东西，就十分好奇。揭开壶盖一看，他十分恐惧，原

◎ 美如仙境的温泉地

来里面有一个小胖孩。他赶紧恢复原样，可是从壶盖的缝里却透出来一股扑鼻的异香。小道士馋涎欲滴，情不自禁地又揭开了壶盖。那股奇香让他再也无法克制，就抓起小胖孩咬了一口，真比山珍海味还好吃，他很快将其吃掉了。这时，他感觉热血沸腾，烧得浑身轻飘飘的，身不由己，腾空而起。恰好，班老道回来，知道闯祸了，就赶紧提起沙壶，把滚沸的汤水泼光，然后出门便追小道士，但根本找不到小道士的影子。原来他早已成仙，到达了登仙台。恰在此时，丘处机遇见了他，便询问："你怎么来到此地呢？"小道士吞吞吐吐地说了经过，丘处机气得给了他一巴掌，将其赶下登仙台，让他做个"半仙"，后来那"班仙洞"又称"半仙洞"。那壶神水渗过的地方就有温泉涌现。神话毕竟是人们对温泉水的良好向往，但是它的热气缭绕，流水淙淙，让人感到从未有过的宁静。人们可以像漂浮在暖融融的大海里，渐渐融化……肉体似乎不复存在，只有灵魂在漂浮，犹如进入仙境。

早期人们对沐浴温泉成仙的想象是为了追求一处隐居休养的胜地。还有一点必须指出，人们对温泉开始从膜拜时期向药用时期转变，这也是对死亡和疾病的恐惧，对长生和幸福的渴望，故而追求长生不死，永葆康乐！

洁身祛病是温泉自远古迄今最普遍的一种应用。据说山东汤山冰雪初融、山泉里开始涌出热水的时候,附近的百姓惊恐万分,以为将要发生新的灾难,纷纷打算逃亡到其他地方。眼看一片刚刚恢复生机的沃土就要被遗弃,大禹忧心忡忡。恰好村子里有人得了浑身长疮疖的怪病,恶臭难闻,神志不清。村民都当瘟神一样躲避他,甚至村里管事的打算把他活埋。大禹听说后,让"汤神奶奶"施展神力,给患病的人托梦,把他引到涌着热水的泉子里。第二天,人们在热水泉里发现这个人时,以为他被烫死了。可是当他爬了出来时,神清气爽,满面红光。后来这个患病的人每天都来洗浴,竟然完全恢复健康,人们十分惊奇,传播开来。因此,前来治病的人越来越多,无不满心感激泉水的神奇,都称这里为神泉。不可否认,在医疗条件落后的时代,生存是人们最大的希望,温泉的出现不仅改变了人们的生存状况,更使得人们对它着迷。经过人们口口相传,文人刻意加工,温泉逐渐衍生成一种上天赐福的神水。

显然,从百姓到帝王均向往着上天赐福的神水,但是帝王往往独享最好的温泉。不言而喻,人们一提起帝王享用的温泉,就会想到著名的临潼华清池。唐太宗是较早对温泉祛病有所认识的帝王之一,他为国事操劳而非常辛苦,且患风湿病多年,后用泡温泉的办法来治病,效果明显。每次在这里洗浴,他的病情都会有所减轻。

襟作《幸风泉汤》诗一首:

阴谷含神爨,汤泉养圣功。益龄仙井合,愈疾醴源通。

唐玄宗认为汤泉是神仙烧热的,是圣泉,在温泉沐浴不但能延年益寿,而且能治疗疾病。按照中医理论来说,温泉养生最高境界是"治未病",即最重要的是养心。"一生淡泊养心机",这是一个很高的精神境界。人都有喜、怒、哀、乐、悲、恐、惊,这是人的七种情志,过了头就是七情过激。"常观天下之人,凡气之温和者寿,质之慈良者寿,量之宽宏者寿,言之简默者寿。盖四者,仁之端也,故曰仁者寿”。仁就是要做到温和、善良、宽宏、幽默。仁心仁德、养心立德是一个人健康的内在要素。因此,养生之道就是培补人体正气,增强抵抗力,从而不得病或少得病。

自宋以后,泡温泉已经不再是帝王贵胄的专属,平常百姓也可以享用,但有多少人认识它的功效呢?北宋末年,彪悍的女真贵族入主中原,威海五渚河温泉汤便成了金人的温水镇。野蛮粗俗的金兵,浑身是游牧骑士的野性,不管当地人们的风俗习惯,休兵歇马之时,脱光衣服,跳进汤中恣意洗浴,并且还将战马拉到汤边洗刷。当地人们只能任其横行,敢怒而不敢言。金人汤浴尝到舒服的滋味后,便经常来洗。人们总是寄希望于地底下的龙,期待着龙发怒惩罚金人。久而久之,金人照常洗浴,而龙始终也未发怒。人们便对“龙呼吸”、“龙泉”的说法产生了怀疑,也渐渐地敢下池洗浴了。金世宗大定年间,“全真七子”之一“玉阳真人”云游此地,他从道家的医疗、健身术方面入手,对此汤进行了尝试和研究。他让患有腰腿痛的男人入汤泡浴,那些因常年劳作而损伤关节、肌筋的男子汉,在温泉汤舒筋活血、温经散寒的作用下,确实感到舒身解乏,并渐渐解除病痛。接着“玉阳真人”又让患有恶疾的妇女用汤泉洗浴,结果将许多妇女从当时被认为是不治之症的“月科寒”、“大肚子”等病痛中解救出来。从此,人们对所谓的“龙气泡泡”、“龙泉”不再敬而远之,取而代之以神奇感和依赖感。每当身倦体乏、有痛有痒,人们就置身汤中泡一泡;汗流浃背、蓬头垢面时,到汤中洗一洗,祛病保洁,堪称快事。

温泉施惠于人们多矣久矣,人们对它也爱之弥深,并自然而然地形成一种风俗。《民国泸水志》载,泸水没有任何其他的典礼,只是每年春初,汉族与其他少数民族聚集在一起洗澡、喝酒、欢歌跳舞来纪念。又说在一个村子中,如果有结婚、去世的事情,街坊邻里一起集会赶赴宴会。到了过年时,每十天就集会,称之澡塘会,也就是男女去温泉池沐浴同乐。

◎ 慈禧像

温泉祛病已融入中国文化之中,成为日常休闲、怡养精神的重要场所。历代帝王遍觅休闲胜地,大兴土木,也将温泉池纳入豪华的宫殿内,专供其享用。这些休闲胜地逐渐成为皇帝们的离宫别苑,或者皇家园林。骊山华清宫自秦代即为皇家御用温泉地,唐代更是规模空前,堪称“第一御温泉”。北京小汤山温泉,辽代时,萧太后曾留香于此。自元朝起被修为皇家园林,清朝建立后,皇帝钟情于此兴建行宫别苑。康熙帝在小汤山修建了“温泉行宫”,盛况空前,迷人而神奇。康熙帝在御制温泉行中赞美汤山温泉:“温泉之水沸且清,仙源遥自丹妙生。沐日浴月洗灵液,微波细浪流踪峥。”乾隆帝更会享受,还御制了温泉行宫即事诗:“灵境群离宫,停銮秋宇空。庭轩静朝旭,树石老金风。暖流溶溶洁,清波处处同。心神堪澡雪,抚景与无穷。”此外,他还在温泉行宫处理军国大事,各种文件由紫禁城驿传到行宫批阅,山阴石壁上至今镌刻着乾隆御笔“九华分秀”,留下了行宫听政的佳话。慈禧太后也深知温泉妙用,在此营建了浴池。它的池壁是由十块巨大的石头压缝交口镶拼而成的,一个蓄水池与之相邻。洗浴时,温泉水从石缝中涌入蓄水池,将满时把南壁上的一个闸门打开,水穿过暗槽流入浴池。这个浴池设计可谓别致精巧,不愧为温泉池之冠。尤其是慈禧洗澡时,更显出这种气派。文人墨客也多留墨:“山终年以凝翠,花逐节而缤纷,泉清澈其沸暖,汤色金且疗肌。”这种闲暇的沐浴让慈禧太后获得了精神上的放松。

大凡泡温泉的人都有一种不同的感觉，特别是文人墨客，洗浴后精神焕发、灵感活跃、文思泉涌，写下了许多传世之作。正是有了文人的参与，才使温泉的物质形态，被赋予了一种文化的内涵和概念，使温泉水插上了翅膀，有了独特的温泉文化的意义。清代学者袁枚喜游山水，至老不衰。他以68岁高龄游黄山，曾在《游黄山记》中说："遂浴黄山之汤泉，泉甘且冽。"这是诗人黄山七日游的第一日，便去温泉沐浴，洗肤涤心。诗人诗兴大发，当即赋《汤泉浴》一首，描述了汤泉的"甘且冽"以及沐浴汤泉的喜悦心情：

万仞苍厓覆浴堂，早知勾漏有沙床。
一泓碧玉暖如许，半日薰风坐未央。
酌酒最怜香气味，试来难转冷心肠。
何时得上知章表，乞作幽人汤沐庄。

诗人沐浴汤泉，很快进入佳境，浸泡暖如许的一泓碧玉般泉水中，洗浴了半日依然不肯出水。他不禁想做一个幽居之人，永远与温泉相伴。

近代以来，温泉逐渐成为一种文化休闲产业。1918年，南京汤山温泉被孙中山先生《建国方略》赞誉为"美善之地"。民国初年，大批达官贵人在此建造温泉别墅，其中以陶保晋建的"陶庐"最知名。1927年，陶氏将"陶庐"作为贺礼送给了蒋介石夫妇。该建筑中西合璧，庄重典雅，分地上、地下两层；地下室有蒋氏夫妇"鸳鸯浴池"和侍卫官浴池。这里小院春回，显得幽静清丽。尽管当时温泉沐浴还处于疗养时期，但是人们对于温泉的概念已开始转变。

进入当代，我们将历史文化与传统温泉理念有机结合，试图打造不再拘泥于传统概念的全新温泉主题城市，汇集自然景观与人文景观、古代园林与现代园林、都市风格与乡村风格、时尚文化与传统文化相融相映的特色。当温泉文化闪亮登场时，温泉产业

◎ 陶庐

进入了前无古人的鼎盛时期。这种文化使人们在沐浴的同时增长知识、陶冶情操、提高品位，所以温泉浴不仅仅是单纯意义上的洗澡了，而是使现代都市人追求新奇、追求知识、追求健康的心理得到最大程度的满足，它的感召力或许比一般的旅游要大得多。临潼度假区的模式就属于此种典型。以华清池为中心的临潼度假区突破过去的温泉疗养概念，以现代性理念、国际化视角，开发温泉旅游休闲资源，打造温泉、度假、酒店、会议、运动、居住等六大品牌体系。

人来自于自然，又需要回归于自然。在生活节奏加快的当今社会，许多人在工作生活的压力下往往处于亚健康状态，现代人更需要适当地调节自己的身心，因此去温泉洗浴成了人们惬意的追求。

总而言之，历代名人无论是建功立业的辉煌时期，还是消极地归隐山林，均将沐浴温泉看做逍遥佳境，留下了许多逸事，丰富了中国温泉文化史。

『第二章』

祛病养生休闲地——国外温泉文化

由于地理位置的不同，各国温泉表现出姿态各异、气象万千的特点。有的温柔多姿、小巧别致，有的平静沉稳、波澜不惊，有的热浪滚滚、气势如潮，令人眼花缭乱，目不暇接。世界温泉文化形成了几大派别：除以德礼兼备通天人的中华温泉文化外，还有以祛病养生为代表的日本钱汤文化，以欧美、东南亚为代表的SPA文化，以法国为代表的医疗温泉文化。

一、温泉与疗养

不管是西方温泉，还是东方温泉，其内质填满了人类对生命的珍爱和对欲望追求的肯定，显示出迥异于中国温泉文化的精神特质。

“穿过县境的长长隧道，就是雪国了……”，这句话出自川端康成的名作《雪国》。他的小说展示了日本传统文化中“残照在战败而荒芜了的故国山河的日本美”，贯穿着一种淡淡的东方宿命观，蕴含着人生的徒然与美的终结，以及无端的人生哀愁，这些使川端康成的小说产生了一种空幻而无从把握的艺术美感，这来源于他的创作浪漫行中必泡的雪国汤——汤泽温泉所提供的灵感。其实，号称“风吕民族”的日本，温泉遍布各处，“三步一小池，五步一大池”，其汤治文化背后正是日本民间医学。

江户时代，日本的医学还不十分发达，温泉的医疗效果备受

◎ 冬天沐浴日本温泉的场景

◎ 日本雪猴专用的地狱谷温泉

重视，汤治习俗开始在民间流传，男女同浴，亦从此开始。而在众多温泉之中，热海温泉名声最盛，专供当时的将军沐浴使用。明治维新后，随着作家尾崎红叶的名著《金色夜叉》的走红，热海的名字在日本家喻户晓，一跃成为最著名的温泉胜地之一。热海温泉泉眼很多，其中最负盛名的便是“热海七泉”，即大汤、河原汤、佐治郎汤、清左卫门汤、风吕之汤、小泽汤和野中汤。现代科研分析证明，热海温泉主要是“弱食盐泉”，含有和海盐类似的食盐。泡过温泉后，皮肤上会留下盐分，具有很好的保湿效果，所以浴后不会感到冷，还具发汗功效，可促进人体的新陈代谢。因此，对风湿症、神经痛、皮肤病及内脏疾患等都有疗效。

◎ 热海七泉

草津温泉的温度高于热海温泉，它有“时间汤”之称。这是因为位于群马县的草津温泉越冷烟雾越多，“汤田”中热气腾腾的高温泉水终年流淌不断。其最大的特色就是它的强酸性，有较强的杀菌排毒作用，对脚及皮肤病患者有较好的疗效。由于泉水温度高达60℃以上，无法入浴，加水稀释又怕影响疗效，因此人们发明了用木板拍水使温度降低的办法。在草津名汤浴中有所谓的“汤长”，一边喊着节拍，一边有人持长约1.8米、宽30厘米的汤板，听号令拍打水，使温度降低，然后汤客依秩序进入浴场，但每个人限进3分钟，因而有“时间汤”之名。

除温泉众多外，日本之所以能够奠定其独特的温泉文化地位，原因主要有两个方面：

◎ 草津温泉中“拍汤”

一是研究人员从事现代温泉的医学系统研究。从19世纪60年代起，第一本关于温泉研究的系统著作《草津温泉记录》问世。书中对温泉的理化性质、医疗效果等进行了详尽的研究和分析。随着历史的发展，对温泉的研究逐步从民间的“汤治”向正规的医学临床应用和养生保健发展。人们对温泉的医用研究不断取得突破，温泉对身体的保健作用已不再局限于传统的皮肤病、风湿病等疾病，而是被广泛应用在康复医学和许多高发的严重慢性疾病中，实现了对温泉在防病治病功效上的更深入拓展和更合理应用。

◎ 男女共浴的日本钱汤

二是继承传统文化，发展本土温泉特色。日本很多地方仿照温泉洗浴的方式发明了“钱汤”。钱汤是支付使用费之后入浴洗澡的公共澡堂。钱汤一般午后开始营业，一直开到深夜。劳累了一天的日本人端着放有洗涮用具的小脸盆儿洗钱汤。人们进入钱汤，脱了鞋存到靠墙的鞋柜里，拿一把木头钥匙后进里间的更衣室。更衣室中间有一扇木板墙将屋子一分为二，两门之间有一个高高的柜台，守门人（大多是店主）就坐在柜台里，可以向男、女客双方收费，还可以“监视”男女双方的更衣室。可见，日本并没有中国儒家那样严格的“男女授受不亲”的条规，男女混浴被日本人视为一种颇风雅之事。许广平的《欣慰的纪念》里写过鲁迅在仙台求学的时候，误入男女共浴温泉。当时鲁迅先生甚是害羞，捂着下半身蹲在温泉里面不敢乱动，被四周那些赤条条的日本女人嘲笑他封建。在日本人的观念中，性与肉体是分开看待的，并无太多禁忌。大家不分性别共浴在一个热水汤里面丝毫不觉尴尬。日本人也大方，似乎并不怎么介意，只要脱完衣服后用块小毛巾把那关键地方挡上就可以沐浴了。现在很多钱汤设置按摩机和桑拿浴、多种类型的澡堂等设施，以此来吸引顾客。日本人一边泡温泉，一边轻松休息，一边交流信息，坦诚相见，体现日本人性格中最具特色的合群意识，形成独特的“钱汤文化”。

在日本，不仅人喜欢泡温泉，动物也喜欢自由地享受温泉水。地狱谷温泉就因居住在此的日本雪猴而出名，因为长野冬季降雪，猴子身上常常是白雪覆盖，又有“雪猴”之称。同人一样，它们也喜欢泡温泉，当地拥有全球唯一一处猴子专用的温泉。相传地狱谷野猿公苑，起源于上信越高原国立公园——志贺高原的横汤川的溪谷中，因当地悬崖陡峭，到处升腾着温泉热气，古人看到这种光景便称其为“地狱谷”，却没料到现在反而成了野生猴子的泡汤天堂。每到冬天白雪纷飞时，这些野猴子们就会纷纷跳进温泉中取暖驱寒。这些红色面孔的雪猴身披浓密的棕色毛发，攀附在岩石上并将自己浸泡在温暖的温泉中，打着呵欠，看起来好像特别放松。它们在温泉里互相梳理梳理毛发，帮对方抓抓虱子。大多数猴子喜欢在温泉里安静地泡着，让温暖的泉水为它们带走寒冷和疲乏，也有猴子不时潜入水中寻找食物。因此，“雪猴泡温泉”就成了长野著名的景点。

与日本温泉同样著名的当属土耳其温泉。早在14世纪，土耳其人就利用温泉疗病解乏，几百年泡温泉的经验成就了土耳其别具特色的鱼疗温泉。最有名的当属坎加尔温泉。

坎加尔温泉有五个不同的源头，鱼从源头直接游进两个大池塘。水的温度为35℃，以每秒钟130公升的速度流动，富含氯、钠、镁和二氧化碳气体，它们对皮肤病、风湿以及神经紊乱都有很好的治疗作用。当你把脚伸到水中，一股暖洋洋的感觉立刻从脚底传到了心里，随即一群身长仅2~10厘米的小黑鱼会围上来，毫不客气地在你的脚上、小腿上猛叨起来。霎时，一阵钻心的痒，令你直想收回腿来。不久，脚、腿上都会布满小黑

◎ 土耳其温泉中的鱼儿

鱼,像啄木鸟一样叨个不停,让你觉得浑身极其舒坦。这种奇特的鱼可以吸食人体新陈代谢的死皮并能把残留在人体表皮毛孔中的垃圾和细菌吸出。同时使人体充分吸收温泉中的矿物成分,起到健美皮肤的功效。这种鱼儿按摩的确十分神奇。

在坎加尔温泉还流传着这样一个故事:有两个兄弟,一次偶然地在野外发现了一处温泉,令人惊奇的是泉中居然有小鱼在欢快地游动,兄弟俩异常兴奋,他们想跳入泉水中看看究竟是什么样的鱼竟能在如此热的水中生存。当他们进入水中后,一些小鱼竟围拢过来,且轻轻地用小嘴吸咬他们的脚趾及小腿,兄弟俩享受了这美妙的温泉鱼疗后,天天到此用温泉泡澡。更为神奇的是,其中有一人长期的脚气病竟不治而愈。这个消息不胫而走,人们纷纷到此温泉与小鱼亲密嬉戏,许多人的疾病也悄然康复。从此,土耳其坎加尔的温泉鱼疗享誉欧洲,吸引着人们到此感受这人间仙境。

◎ 温泉鱼疗

二、温泉水

大自然的鬼斧神工塑造了世界各地变化万千的温泉,它们形貌各异,色彩万千,无一不使人神往。

1607 年,著名探险家约翰·史密斯船长在踏上北美大陆时不禁感叹:“(这是)天堂与大地赐予人类最理想的居住场所。”北美

◎ 大棱镜温泉

大陆温泉众多、千姿百态,令人叹为观止。位于美国黄石国家公园内,被誉为“地球最美丽的表面”的大棱镜泉,是美国第一、世界第三大温泉,它宽为75~91米,深49米,每分钟大约会涌出2000公升、温度为71℃左右的地下水。大棱镜温泉最突出的特点就是其色彩丰富,变化多样。大棱镜温泉水中富含矿物质,使得水藻和菌落中带颜色的细菌在水边得以生存,从而呈现青翠的绿色。温泉中心地带由于高温没有生物生存,呈现鲜红色,从里向外又逐渐变换,呈现出蓝、绿、黄、橙、橘和红等不同颜色。据说因为地下水从地层裂缝冒出来后,各种矿物质经氧化反应,以及水中栖息的不同的细菌,使泉水产生出宝石般的色彩。从栈道上看过去,蓝莹莹的泉水深不见底,弥漫池面的水雾随风涌动,泉水不断地从池子里溢出来,缓缓地漫过池畔,流向低地。泉水里丰富的矿物质把池子周围砌出一波一波纵横交错的纹理,渲染出一片一片浓艳欲滴的色彩,倒映着蓝天白云,就像是一块巨大的经过打磨的大理石。

世界上已知的最大碳酸盐沉积温泉——猛犸温泉也在黄石国家公园。其著名的“米涅瓦阶地”是几千年来冷却沉淀的温泉水所形成的一连串阶地,景色壮观。

几百万年前马姆莫斯地区底部的海水,为这里留下了厚质的沉淀性石灰石。在高温的酸性溶液流经岩石层到达温泉表面的过程中,它溶解了大量的沉淀性石灰石。一遇到空气,溶液中的部分二氧化碳就会从溶液中挥发。同时,固体矿物质形成并最终以石灰形式沉淀,就形成了阶地。远远望去堆金积玉、晶莹剔透,流下的热泉沿着山坡形成一个一个非常漂亮的五彩大台阶,同样的景色让人不由想到中国四川黄龙的五彩池。不一样的是,黄龙是冷泉,猛犸是热泉。最近一次地壳变动,使得猛犸的大部分热泉都不再流淌,死掉的细菌变成灰白色的粉末,残留在干枯了的大台阶上,反射着耀眼的阳光,将这里变成一片肃杀的不毛之地。

◎ 猛犸温泉

如果说神奇的温泉色彩让人们有无限的遐想,那么美丽背后有着"地狱的召唤"的红色温泉是否也同样吸引人呢?所谓"地狱的召唤"是日本别府知名的血池温泉的一个代号。别府温泉的奇特之处,就是泛着炽热血红色的泉水,好似一池翻滚的血浆,夹杂着巨大的轰鸣声,被日本佛教徒认为是来自幽冥地狱中的激流。这种红色来源于水中丰富的铁元素,人们利用血池温泉制成的血池软膏可以治疗脚气。泡泡温泉,从让人窒息的社会生活中暂时获得解脱,对日本人来说可谓是"在地狱里享受极乐"了。

蓝湖温泉没有血池温泉那恐怖的别号,而是带有温馨的色彩,代表永恒的象征。蓝湖温泉位于冰岛西南部,距离首都雷克雅

◎ 血池温泉

未克大约 39 公里，是世界著名的露天温泉，即使在雪花飘飞的冬季，湖面依旧热气弥漫，如烟似雾。融入其中，感觉仿佛沉浸在迷蒙世界里。不过，蓝湖所在地也是地球上地下岩浆活动最为频繁的区域之一，这种活动加热了蓝湖，使得水体蒸腾。

在五彩斑斓的温泉中，能够将美丽进行到底的当属法国温泉。法国是一个浪漫的国家，可以说“浪漫、崇尚美”是法兰西民族性格的显著特征。正是来自阿尔卑斯山的高山融雪和山地雨水在山脉腹地经过漫长的充分矿化的无污染泉水，使泡温泉的法国姑娘纤尘不染、光艳照人，也使法国温泉赢得“温泉城市中女王”的美誉。无论是海之滨、山之腰，或是城市中心，将散落在法国各地的 32 处疗养中心联合起来，便形成了法国的温泉文化。

“薇姿(Vichy)一直关注于美丽，并倡导健康引导美丽”，这是它的宣传语。的确，薇姿不但引导世界美丽潮流，而且也引导法国温泉文化。薇姿城共有 15 个温泉源头，这些水中富含钙、镁等 17 种矿物质和 13 种微量元素，被广泛应用于外部或

◎ 薇姿温泉

饮用治疗。只有卢卡斯温泉水可以用作日常饮用,并有瓶装温泉水销售。由于泉水的矿物质含量丰富,我们平日看到的薇姿化妆品中就添加了卢卡斯的温泉水。这些泉水中的矿物元素,可以使肌肤得到舒解,同时形成一个保护屏障,治疗肌肤过敏症状。

虽然布尔布勒没有薇姿香水那么有名,但是它从峭壁里喷薄而出的瀑布以及奥尔当什的绿草地也吸引了慕名前来治疗哮喘

法国温泉风光

病的患者和游客。他们在这里享受温泉浴,可以使呼吸系统的一系列顽疾得到康复,对身心健康非常有利。

如果说法国的地图是一颗五角星,那么达克斯就在这颗星的最左下角。达克斯这个名字在古拉丁语里是“水”的意思,本身就道出了它与水密不可分的渊源。这里有着特殊的温泉,含有丰富的矿物质,水温常年保持在64℃左右的高温,对风湿、静脉和妇科病都有很好的疗效。早在罗马时代,达克斯人就开始尝试着用淤泥浴来除病健身,而达克斯温泉疗养地更是奥古斯特皇帝的近臣们经常光顾的地方。达克斯还有一条疗效泥配制生产线,人们可以亲身体验一下它的泥文化。

法国还有流行两个多世纪的冷水沐浴疗养法——埃维昂依云温泉。据说一个法国贵族为了治疗自己的结石病到依云温泉,他取了一些卡查特绅士花园的泉水,坚持饮用了一段时间,惊奇地发现自己的结石病竟奇迹般痊愈了。此后一批又一批人涌到依云镇,亲身体验此地泉水的神奇疗效。法国皇帝拿破仑三世和皇后也对依云镇的温泉水情有独钟。科学家认定了依云矿泉水的医疗功效, 肯定了依云矿泉水是世界上唯一的天然等渗温泉水;这里的温泉水PH值几近中性,由于具有独特的等渗透性,一接触皮肤就可以迅速渗入皮肤表层, 各种有效成分就能充分发挥作用,

◎ 埃维昂依云温泉

对皮肤有极佳的治疗效果。可以说,法国健康与美丽的温泉成就了世界公认的医疗温泉国家。

三、国外温泉文化的特点

在人类文明发展过程中，温泉休闲文化发端于物质文明,物质文明为人类提供了闲暇,伴生了闲情逸致。休闲反映时代的风貌,是整个社会发展与变更的缩影。透过休闲,可以了解其他文化发展,体察整个人世沧桑的变化。通过上述国外温泉的发展介绍,我们可以看到以下文化特点:

首先,国外温泉文化蕴涵着人类崇拜创世与再生的精神。与中国一样,国外温泉文化也在漫长岁月中负载了与创世和再生的各种神话相关的众多象征。在古希腊神话中,雅典附近的凯沙利亚温泉，是献给爱神阿芙洛狄忒的圣品，能促进妇女受孕。无独有偶，法国的巴罗拉温泉也有这般传说。很久以前，泰斯的地主雨格，某天将一匹老迈体衰、不堪役使的马赶入森林，几天后，这匹马又出现了，体力突然增强，且能以后腿站立。雨格骑上这匹马，暗示希望到它去过的地方。因此，马儿将他载到巴罗拉温泉的源头。雨格在温泉中泡了一会之后，原本体力衰弱的他，突然像那匹马一样变得精力充沛。后来，雨格娶了明弗利欧夫人，还生下许多子女。多子多孙便成了巴罗拉的一个地名。西方创世和再生的神话，与中国羲和浴日和常羲浴月等神话，实际上寓意是一致的，均反映了先民通过水来追求生命再生的愿望。

其次，国外温泉文化传承着英雄主义精神。“英雄已逝，精神长存”，无论西方文明还是东方文明的温泉水均传承着某种净化心灵的作用。英雄主义精神的传承离不开勇敢、献身的行为，这种英雄品格，是一种扎根于历史土壤中的伟大精神。温泉就是产生这一伟大精神的深厚历史土壤。诚如影响整个西方文明发展过程的温泉关之战。温泉关之战是继马拉松战役之后，波斯和希腊两

◎ 油画 温泉关之战

个劲敌的再一次交锋。

当波斯王大流士一世死后，太子薛西斯登上王位。薛西斯为实现父亲的遗愿，发誓要踏平雅典，征服希腊。为此，他动员了整个波斯帝国的军力，向希腊城邦进发。波斯大军走到赫勒斯邦海峡（现在叫达达尼尔海峡）时，薛西斯下令架桥。大桥很快架设起来，是两座索桥，埃及人和腓及尼人各造一座。桥刚修好，忽然狂风大作，把桥吹断。薛西斯大为恼怒，不但杀掉了造桥的工匠，还命令把铁索扔进海里，说是要把大海锁住。他还命人用鞭子痛击海水300下，惩戒大海阻止他前进的罪过。他的自命不凡和目空一切，由此可见一斑。

最终在薛西斯的压力之下，工匠们把桥造好了。如此之顺畅真让人难以相信，这支波斯大军全部渡过海峡。有位当地人看到这一切，惊恐地说："宙斯啊，为什么你变为一个波斯人的样子，并把名字改成薛西斯，率领着全人类来灭亡希腊呢？"

面对来势汹汹的敌人，一向善于内斗的希腊各城邦组织了前所未有的联合行动。30多个城邦组成了反波斯同盟，由斯巴达国王列奥尼达担任同盟军统帅。

渡过赫勒斯邦海峡后，波斯大军迅速席卷了北希腊，七八月间来到了德摩比勒隘口。该隘口是中希腊的"门户"，依山傍海，关前有两个硫磺温泉，所以又叫"温泉关"。关口极狭窄，仅能通过一辆战车，是从希腊北部南下的唯一通道。恰在此时，希腊人正举行奥林匹克运动会。在希腊，奥林匹克高于一切，运动会期间是禁止打仗的。因此，希腊人在关上布置的兵力只有数千人。当波斯人临近时，斯巴达国王列奥尼达仅率领300人来增援。

波斯大军在温泉关不远的地方安营扎寨后，薛西斯首先展开了心理攻势。他派人捎信给希腊守军，说波斯兵多得数不清，光是射击的箭矢就能把太阳遮住。勇敢的斯巴达人哪能被吓着，他们嘲笑说："那太好了，我们可以在荫凉里杀个痛快。"

过了两天,波斯王薛西斯又派人去打探希腊人的动静,回报说他们把武器堆在一边,有的梳头、有的做操,丝毫没有打仗的样子。薛西斯大为奇怪,询问知情者后方知,战前梳头是斯巴达人的习惯,意味着将要玩命血战。薛西斯又耐心地等了四天,见守关的希腊人没有丝毫投降的迹象,便下令用武力活捉这些希腊人。

温泉关地势险要、山道狭窄,部队不能展开行动,骑兵和战车也派不上用场,薛西斯采取了派重装步兵轮番冲击的强攻战法,企图利用人数优势打垮斯巴达人。而斯巴达人却利用温泉关"一夫当关,万夫莫开"的地形优势,居高临下,用锋利的长矛凶狠地刺向敌人。波斯人倒下了一批又一批,攻打了一天又一天,却未能前进一步。薛西斯无奈,只好派出一万最精锐的军队投入战斗,但除了抛下大片尸体外,还是攻不上去。见此情景,薛西斯焦急狂躁地吼叫不已。

正当波斯王薛西斯无计可施的时候,一位名叫埃彼阿提斯的希腊叛徒来报告说,有条小路可以通到关口的背后。薛西斯一听,立即命埃彼阿提斯引领御林军沿着荆棘丛生的小道直插后山。黎明的时候,他们接近了山顶。本来列奥尼达在小路旁的山岭上早已布置下来自佛西斯城邦的守兵,因数日无战事,他们便放松了警惕,直到寂静的黑暗中传来嘈杂的脚步声时,他们才慌忙披挂上阵。面对波斯人雨点般的羽箭,佛西斯人败走了。波斯人也不追赶,直向温泉关背后插了下去。

当斯巴达国王列奥尼达得知波斯军迂回到背后时,知道大势已去。为保存实力,他把已无斗志的其他城邦军队调回后方,只留下他带来的300名战士迎战。因为按照斯巴达的传统,战士永远不能放弃自己的阵地。700名塞斯比亚城邦的战士自愿留下同斯巴达人并肩作战。

面对前后夹攻的波斯人潮水般扑向关口,腹背受敌的斯巴达人奋勇迎战。他们用长矛猛刺,长矛折断了,又拔出佩剑劈砍,佩剑断了,波斯人拥了上来。斯巴达的勇士们杀退了敌人的四次进攻,拼死保护自己的统帅。剩余人越来越少,逐渐被压缩到一个小山丘上。杀红了眼的波斯人将残余的斯巴达人死死围住,在口令声中将雨点般的标枪投向他们,直到最后一个人倒下。至此,温泉关才最终被攻占。

对于薛西斯来说,付出两万波斯士兵生命的温泉关血战,就像是一场噩梦。一想到血战到底、宁死不屈的斯巴达勇士,他就心惊肉跳地问:“斯巴达人是不是都是这样的?”

据说,波斯人在打扫战场时只找到了 298 具斯巴达人的尸体。原来,有两位斯巴达人没有参加战斗。一位是因为得眼病,另一位是因为奉命外出。战后,他俩回到斯巴达时,家乡人都非常鄙视其行为,谁也不理他们。其中一位受不了这种屈辱而自杀。另一位在后来的战斗中牺牲,但斯巴达人还是拒绝把他安葬在光荣战死者的墓地中。公元前 1840 年,人们在温泉关竖立了一座希腊人抗击波斯人入侵的纪念碑,表明了人类维护尊严和正义的决心。

请带话给斯巴达人,
说我们踏实地履行了诺言,
长眠在这里。

这就是矗立在希腊德摩比勒隘口(俗称温泉关),纪念公元前 480 年温泉关战役的一尊狮子状纪念碑上镌刻的铭文。

长期以来,温泉关之战一直是西方历史文化中长盛不衰的主题之一,这个悲壮的故事被书写成多种文字,以诗歌、传记、谚语的方式流传下来。人们赞美和歌颂这些英勇不屈、视死如归的希腊英雄,他们的事迹作为一种精神通过人们的记载永世长存。

第三,国外温泉文化的最大特点是一种崇尚祛病休闲的文化。无论在古希腊还是在古罗马,人们对温泉水祛病休闲的功效

◎ 温泉关的这块碑石上写着“路人啊，请告诉斯巴达人，我们尽忠职守，长眠于此”。

都是知道的。公元前2世纪，人们在罗马创建了一所大量使用温泉水疗的医学院。罗马人在全国各地建立了许多精美豪华的浴池，其中克罗斯浴池和罗马浴池美轮美奂，堪称经典之作。罗马的达官贵人和娇妻宠妾在此沐浴净身，享受桑拿和土耳其浴。这些浴池现已作为历史文物重点保护，如法国的维希矿泉、维琪温泉、庇里牛斯山的卢雄温泉、阿尔卑斯山的艾克斯莱班温泉、国立温泉浴场，青山绿水，清新空气，誉满世界。瑞士与法国交界处的日内瓦湖畔，托农莱班和埃维莱班两处温泉风景如画。如瑞士洛伊克巴德是从罗马时代开始发展的温泉城市，据说当时是给翻越阿尔卑斯山的罗马远征军提供休息和疗伤的地方。其中，最著名的是德国巴登·巴登和英国巴斯，至今发挥着神奇的作用。

马克·吐温曾说，在德国的巴登·巴登，“5分钟后你会忘掉自己，20分钟后你会忘掉世界”。也许这话说得有点夸张，却是对德国最负盛名的温泉疗养胜地的赞誉，它素有“欧洲的夏都”之称。早在罗马时代它就和英国巴斯一起成为西方世界的两大著名温泉胜地。巴登·巴登有两大温泉浴池：卡拉卡拉和腓特烈浴池。卡拉卡拉直接取名于好战且酷爱温泉的罗马皇帝卡拉卡拉。王公贵

◎ 德国巴登·巴登温泉

族、社会名流也常到此泡汤度假。在19世纪时，几乎世界上所有的大人物都曾在巴登·巴登小住几日。这座拿破仑三世所钟爱的城市，同样接待过铁血首相俾斯麦、维多利亚女王、俄罗斯沙皇亚历山大和普鲁士国王威廉。这些君主、政治家喜欢选择这个地方开会，就跟中国人喜欢选择骊山、华清池是一样的理由。然而，政治家不是唯一享受这里的温泉和宜人气候的群体，这里同样也接待文人墨客，诸如陀斯妥耶夫斯基、马克·吐温、瓦格纳、拉姆斯等，更使得巴登·巴登闻名遐迩。这里以白色大理石建成，富于现代感，内有多个室内温泉、露天温泉池，除此之外还有蒸气浴、矿泥浴、按摩等。巴登·巴登的温泉不仅能够浸泡，还能饮用。腓特烈浴场建于两千多年前的古罗马浴池遗迹上，以露天沐浴闻名，每周只有两天男女分浴，其余日子均需男女共浴。这里最具特色的是“罗马—爱尔兰浴”，历时两小时，十几道程序，如洁身、热身、盆浴、池浴、热水浴、冷水浴，还有蒸气浴、天然泥泉浴、碳酸浴及按摩等。

◎ 卡拉卡拉大浴场

◎ 腓特烈浴场

与德国巴登·巴登不同的是，英国巴斯集英格兰古典美与威尔士淳朴自然于一身。关于巴斯温泉可以追溯到公元前8世纪。相传李尔王的父亲布拉杜德做王子时，因患麻风病而被赶到荒郊野外去放猪。猪群可不把王子当回事，跑到池塘里去吃橡树种子。布拉杜德无奈下水赶猪，发觉水竟然是热的，等他将猪群赶上岸时，已被热得气喘吁吁。不过，经温泉水一泡，布拉杜德的麻风病竟不治自愈了。布拉杜德甚为欢喜，登基后将此池塘改为浴室，当年所在的"荒郊野外"就是后来的巴斯。告别了李尔王时代，巴斯温泉又为罗马人带来了惊喜。公元1世纪，凯撒大帝的铁骑横扫欧亚，罗马人进入不列颠。他们在文化上是比较先进的，对温泉并不陌生。他们已经懂得如何利用温泉建造浴室。在泉眼周围，罗马人修建规模庞大的浴场，建造雄伟的宫殿，并在此膜拜水神苏利丝，罗马人将城市也改名为"苏利丝"。如今在巴斯市中心，刻着这样一句罗马人的语录："生活就是洗澡"，语气斩钉截铁，这就是巴斯人的生活态度。

实际上，在古代国外温泉均是帝王与精英分子以祛病休闲为目的而光顾的地方：法兰克国王查里去亚琛，亨利四世去法国西部城市艾克斯莱班；蒙田去普隆比耶尔，据说这里的泉水带有放射

◎ 巴斯温泉

性和多种微量元素，可以治疗风湿病以及植物神经和肠道紊乱。奥地利的安娜去福尔日莱索；塞维尼夫人去维希；路易十四去比利牛斯；曼特农夫人去巴雷日。尤其是19世纪，在现代医学的影响下，温泉疗养之风盛行，使一些温泉成为精英们必去的度假地，其中欧仁尼皇后的度假地成为著名的激发文人墨客灵感之地。如今，欧洲昔日的罗马浴场、浴疗场、Wellness SPA的浴疗假期，在奥地利、德国等地是一项比较特殊的医疗福利。或者说，由当年精英分子沐浴温泉时代迈入了普通大众共享温泉的时代。

与中国温泉文化一样，国外温泉文化也历经千年沧桑的历史，所走过的路也是千姿百态，主要是以祛病休闲为中心，缺乏中国温泉文化所蕴涵的天地人的哲理。当然，祛病养生休闲也成就了具有实用性哲学的国外温泉文化。诚如古希腊哲学家亚里士多德在《政治学》中所说："休闲才是一切事物环绕的中心。"他把休闲看做是哲学和科学诞生的基本条件之一。这种文化特征也是区别于中国温泉文化的重要标志之一。

『第三章』

德礼兼备通天人——中国温泉文化之特质

如果说国外温泉文化以祛病休闲为精髓，那么以德礼为代表的中国温泉文化，则凝聚了数千年来中华文化的精华。这种文化强调将天、地、人贯通起来，并将人放在中心地位。天之道在于“始万物”，地之道在于“生万物”，人之道在于“成万物”。而在世间万物之中，唯温泉具备通天人的特性，所以中国温泉文化也承载着天地之性、治国之道、修身养性等特质，将天地之间的智慧汇聚在一起。

一、温泉与天地之性

温泉得天地之气成形，禀天地之道成性，化为天地之间的万物生灵。因此，温泉的天地之性孕育着世间百态，我们仅择其要者言之。

《礼记》记载商王汤有一个沐浴的盆子，上面刻着这样的铭文："苟日新，日日新，又日新。"大意是人的身体每天都会染上灰尘，所以每天都要洗。与此类似，人的精神也必须每天都濯洗一番。"苟日新，日日新，又日新"不仅仅是一句古铭文，而是表达了一种积极应对变化的人生态度，这种人生态度称为日新之道。诚如"生生不已的天地大德，无处不在"，即天地合德，日月同行，万事万物生于其中。在中国传统文化中，自然界的万事万物通常被赋予人的灵魂，如同《红楼梦》中贾宝玉的"通灵宝玉"一样，带有一种神奇感，给传统文化带来无限的想象空间，孕育了人与自然的亲密关系，且将此化作天地之性。

然而，与古人接触较密切的、万物之中具备天地之性的就是水，水能够承载万物生灵之机，水又是通灵性的。老子曾说："上善若水，水善利万物而不争。"意思是最善的人好像水一样，水善于滋润万物而不与其相争，能停留在众人都不喜欢的地方，所以最接近于道。与其说水代表人的高尚情感，不如说温泉更能融合天地之灵，将天地之灵发挥得淋漓尽致。一般情况下，人们往往通过温泉神话沟通与天地之间的联系，将其看做万事万物的形象理念，对温泉大加阐释其所具备的天地之性。

自古以来，政治家的睿智往往皆与温泉结下不解之缘，而且无一不展示得淋漓尽致，他们都曾将温泉作为休闲度假及其激发创新活力的胜地。相传汉武帝刘彻拜谒西王母,因嘲笑王母面貌丑陋,王母张口吐唾沫反击,使他面生奇疮,久治不愈。汉武帝不得不拜求王母,得到指示:“如果想治疗疾病,就要用温泉沐浴。”因此,汉武帝立即乘白鹿车向北寻找温泉,行至一个叫鹿台村的地方停留下来,看见白鹿刨地,出现一股热泉喷涌,试之汤烫,掬水洗面,舒适无比。他命侍从掘泉,进行沐浴,恶疮即愈。汉武帝感觉非常神奇,立刻敕封此温泉为“宝泉神水”,并建温泉寺于其所沐浴泉的旁边。后来,汉武帝又封此泉为“宝泉圣水”,意指宝泉将福喜播撒人间,共沐恩泽。然而,白鹿因积劳成疾,病逝于温泉涌出之地,汉武帝刘彻甚是痛心,特举办隆重葬礼并将其埋在土台内(即河北鹿台村),因此,鹿台名扬天下,遂后人又名“白鹿神汤”。这个故事颇有意思,即使是不可一世的汉武帝也会受到神人的惩罚。这说明当人世间有无法解决的事情时,人们往往诉求于理想中的神灵去实现其愿望。从侧面来看,自然界的温泉就充当着这一角色,起到沟通天地之间的桥梁的作用,化解人世间邪恶的一面。

无独有偶,唐太宗李世民跟温泉的关系也源远流长。相传,唐太宗率兵东征高丽,途经汤岗子温泉,征途遥远,将士们疲惫不堪。唐太宗的坐骑马失前蹄,不想竟踏出一泓清澈的泉水。将士们在此安歇休整,洗去征尘,神奇的泉水将疲劳一扫而光,军队士气大振。当即,李世民登上身后小岛,凝视东方许愿:“如果我东征得胜归来,必将重新修建此亭。”果然,此次东征大获全胜。唐太宗不忘许下的诺言,命人重修此亭,名叫“祈愿亭”。从故事中,我们也可以看出唐太宗借助于温泉给他的军队鼓舞士气,树立必胜的信心,以向人们展示君权的神圣性。这么奇妙的温泉神话,我们无法考证其真实性,但是人们已经将它的灵性通过政治家的睿智烙印在世代相传的文化之中。

在古代文人的诗歌创作中,“情”与“景”往往水乳交融地结合在一起,相得益彰。唐代著名诗人李白曾来黄山游览。在沐浴温泉后，留下《送温处士归黄山白鹅峰旧居》等诗篇。有一次，他在一块石头旁喝酒吟诗，醉后曾绕石三呼，把剩酒泼在石头上，李白醉卧石旁，巨石也跟着醉了，故将该石取名为醉石。在醉石旁，泉水自石壁淙淙而下，岩上有石，极似杯盏，岩下有潭，清澈见底。他曾在此饮酒赏景，于泉中洗杯更酌，故取名洗杯泉，并留下千古佳句："仙人炼玉处，羽化留遗踪。亦闻温伯雪，独往今相逢。采秀辞五岳，攀峦历万重。归休白鹅岭，渴饮丹砂井。"此后，唐代诗人贾岛也多次来黄山，在汤池"一濯三沐发"，身心大快，诗兴大发，用《纪温泉》长诗向世人宣传了这个天然浴池的奇特不凡：

骊山岂不好，玉环浊流脂！至今华清树，空遗后人悲。

遐哉哲人逝，此水真吾师。一濯三沐发，六凿还希夷。

这是贾岛游览黄山所留下的一首诗，从易道演变到历史发展等方面，称赞黄山温泉巧夺天工，通天地之灵。尤其是将温泉与易道结合起来，让人觉得天地之间可谓浑然一体，更加充分地表现出温泉沐浴的神奇赋予诗人的创作灵感。

值得玩味的是，无论文人性格如何，在赤条条地泡温泉后写下的诗，都焕发出洒脱、畅快的真性情。宋代宰相李纲曾作诗"温

◎ 黄山温泉

冷泉源各自流，天教施浴雪峰陬。众生尘垢何时尽，汩汩人间几度秋”，“玉池金屋浴兰芳，千古华清第一汤。何似此泉浇病叟，不妨更入荔枝乡”。此诗是晚年李纲在享受温泉沐浴的乐趣时，感慨万千，认为自己只能在汤泉中一浴，了此余生。但在淡淡的哀愁中，却寄寓着一种使“众生”都能洗尽“尘垢”的意愿，希望朝廷能够除恶扬善，采摭忠言，收复山河。某种意义上，温泉也将李纲的文化内涵散发出来。的确，温泉正是有了文人的参与，才给它的物质形态，赋予了一种文化的内涵和概念，使温泉水插上了翅膀，有了独特的文化意义。

温泉水的灵气使得神话小说更加丰富多彩，推动了温泉文学的发展。明代吴承恩的《西游记》是一部思想丰富的神话小说，第七十二回“濯垢泉八戒忘形”说的是盘丝岭有一眼濯垢泉，乃天生的热水，相传原本是天上七仙女的浴池。盘丝洞住着七位女子，经常到濯垢泉洗澡。某天，七位女子一个个携手相搀，挨肩执袂，有说有笑地一路采花斗草向濯垢泉走去。不多时，来到一座十分壮丽的门墙前，一位女子走上前，把两扇门儿推开，但见中间有一塘热水。这是一处天地产生的温泉，有诗为证：

一气无冬夏，三秋永注春。炎波如鼎沸，热浪似汤新。

分溜滋禾稼，停流荡俗尘。涓涓珠泪泛，滚滚玉团津。

润滑原非酿，清平还自温。瑞祥本地秀，造化乃天真。

七个女子见水又清又热，便要洗浴，一齐脱了衣服搭在衣架上，跳下水去，一个个跃浪翻波，负水玩耍。这时，猪八戒推开门，看见那七个女子蹲在水里，色迷迷地笑道：“女菩萨在这里洗澡哩，也携带我和尚洗洗，何如？”女子大怒道：“你这和尚，十分无礼！我们是在家的女流，你是个出家的男子。古书云：‘七年男女不同席。’你好和我们同塘洗澡？”猪八戒是个贪吃好色的花和尚，除了大饱口福和追逐女色外别无他求，见到如此标致的女子，早已浑身发软、想入非非了。八戒说：“天气炎热，没奈何，将就容我洗洗儿罢,那里调甚么书担儿,同席不同席。”说罢,八戒也不管别人同意不同意,扔掉钉耙,脱去衣服,扑地跳下水去,摇身一变,变做一个鲇鱼精,只在那七位女子玉腿裆里钻来钻去。

《西游记》所描写的是神话中的人物在温泉池洗澡,但也说明一个事实,即吴承恩如果没有经历过现实生活中的温泉感知,那么无法将猪八戒沐浴温泉的情景写得惟妙惟肖。可见,温泉的灵气对文人创作极其有利,推动了传统文学向前发展。实际上,神奇而令人陶醉的温泉,曾引得多少文人墨客、地方名流为其歌咏。与其说他们寻找通天地之灵的渠道,不如说将其化为天地之间的一分子,寻找与大自然和谐相处的精神寄托,寻找激发创新活力的桃花源。这也就是古人赋予温泉通天地之灵的原因所在。

温泉之灵也积淀了中华民族深厚的文化底蕴,给世人以颇多启迪与灵感。自古以来,政治家的睿智、诗人的浪漫、画家的韵逸、哲学家的幽思、宗教者的神秘等等皆与温泉结下了不解之缘,而且无一不展示得淋漓尽致,他们都曾将温泉作为休闲度假以及激发创新活力的胜地。

在中国传统文化里,温泉往往伴随着天降祥瑞之说,意味着温泉诞生与天地赐福相关,表达了中国人对福善喜庆、事事顺利的追求,为其人生重要目标。当然,天降祥瑞之说,显得比较神秘,这与古代的“天人感应”思想有着极大的联系。也就是说,帝王贤明才可能出现太平盛世,而在太平盛世将来之时,上天往往会降祥瑞以示征兆,即所谓的“国之将兴,必有征祥”,至于天会不会降祥瑞、什么时候降祥瑞、降在什么地方,实则是一件非常神秘的事情。正因如此,这种神秘性使我们民族的文化更加丰富多彩。

古人非常重视温泉天降祥福、事事顺利的象征意义,所以带有祥瑞的温泉受到普通百姓追捧,连官方也十分推崇。据《陕西通志》载,唐玄宗去临幸温泉时,发现有一只白鹿在泉边,忽然见它腾云驾雾升天,他立即下诏将会昌县改为昭应县。我们可能迷惑不解，难道唐玄宗是因为看到白鹿升天而改县名吗？当然，唐玄宗之所以改县名，恐怕并非受白鹿升天的影响，而可能受白鹿原故事的影响。所谓白鹿，古时为祥瑞之兆。相传西周末年，西北兴起一支凶悍的少数民族部落——犬戎，对已经逐渐走向衰败的周都城镐京构成严重威胁。此时，周幽王因宠爱褒姒，数举骊山烽火，诸侯闻警迅即带兵赶往骊山，然未有敌情，败兴而归。后来，犬戎部落进攻镐京，幽王虽然烽火报警，但各国诸侯害怕再次被戏弄，都没有发兵前来勤王。镐京被攻下，周幽王带褒姒逃到骊山被犬戎人杀死。新登基的周平王面对镐京无险可守、岌岌可危的情形，乃与大臣商议，决定择地迁都。不久，周平王便带领大臣及卫队，向东涉过滔滔的滋水河，登上平展展、莽苍苍的一座塬上。此塬三面环水，一面接南山，从原上向西北可以瞰制广阔的渭河平原，东南依靠终南山，进退可据，战略位置极为重要。周平王曾随父亲周幽王来塬上围猎，这次上原的目的是决定是否在此修建都城。天色已晚，周平王率领人马在一处古柏苍郁、花香扑鼻的小谷岸边结队扎营。

次日清晨，周平王忽被外边的一片惊呼声吵醒，出营门一看，只见东南方向的崇山峻岭之间，一只通体雪白的神鹿，口含一枚灵芝，四蹄生风，飘然而至。原来，白鹿是受天帝旨意，来此消灾播福的。这时，白鹿突然看见了旌旗猎猎、喊声雷动的周王卫队，猛吃一惊，口中所含的灵芝便掉落到小谷中，白鹿随即便扭头向西南方向疾驰而去。周平王立即命卫队追赶白鹿。当他们追到一个沟坡时，看见白鹿忽又向西北而去，那里只有一座小庙。接着，白鹿绕庙一周，见卫队追了上来，又来到一个村庄，便于草丛中小憩起来。这时，周王卫队已蜂拥而至。听到人马噪声，白鹿受惊而起，一直向北跑到了半原坡时，才发现走错了方向。于是又折向南，从西原下了原坡，进入浐河谷道的苇蒿丛中，忽然之间便无影无踪。后来，人们惊奇地发现：凡白鹿经过、祥光照及的地方，完全是一片郁郁葱葱、草木茂盛、百卉竞开、毒虫殆尽、疫疠灭绝、六畜兴旺、人寿年丰的景象。因此，从昭应县名上看，帝王相信天降祥瑞这一现象，预示着国泰民安、赐福大地、永葆康乐。

古代这些所谓天降祥瑞、兴旺发达的地方均与水相关。因为古人心中水是万物的本原，即太初之世，一切皆水，水为原始的混沌状态，万物皆由水生。因此，古人常把温泉看成天神赐予的“神水”“神泉”“圣水”是有道理的。的确，中国各民族的创世神话认为水孕育了人类，彝族典籍《六祖史诗》里就说“人祖来自水，我祖水中生”。春秋时管仲在《管子》中也说“故曰水者何也？万物之本原，诸生之宗室也”。所以，古人普遍都有“水是生命的源泉、人来源于水”的认识。既然水是生命的源泉，生命的种子在水中，那么女子水中沐浴就成为祈子的一个关键程序。清代王初桐《奁史》说：“勿搦祭亚有温泉，女子不育者浴之即育。”即女子不育，只要在这温水中沐浴之后，便可怀孕生育。女子水中沐浴蕴藏着祈子的信息，正是人类对温泉祥瑞信仰的一种表现。

在神灵膜拜过程中，人们祭祀祥瑞温泉是一种自发行为，而多数情况下，宗教人士也起到了推波助澜的作用。传说，唐初，有位僧人出游至石门山下，适逢大雪纷飞，四处茫茫一片，唯有这里雪花落地，顷刻消融。僧人告诉当地百姓：“地下必有温泉。”随后

◎ 蓝田东汤峪温泉

人们挖掘，果然有一股热腾腾的泉水喷涌而出。这时，水中又跳出一尾活泼可爱的白鱼，眨眼间化作一位娉婷袅娜、冰清玉洁的仙女。她落落大方地说："祝愿人们常来温泉洗病浴疾，延年益寿。"当仙女飘然隐于温泉之中时，人们才如梦初醒。从此，白鱼神女为人洗病的佳话，便随着这喷涌而出的温泉不胫而走，于是远近的人们纷至沓来，络绎不绝。

无论是温泉来自天降祥瑞的神话，还是天地演雄奇、造化应神机的产物，这种信仰在古人思想意识中普遍存在，并且深信不疑，"天地之气，宣以名山，阴阳之英，融为温泉"。可谓自然形成，合乎理想，不必再加人工。诚如宋人王柏言，"造化神机岂易窥，天上不知谁理燮"。

相传宋代大文学家、政治家王安石自由洒脱不喜欢洗浴，不爱讲卫生，以至身上长满虱子，在历史上是有名的怪人。他的联姻好友吴充却相反，极爱沐浴。他不喜欢王安石的这种习惯。有一次，吴充与韩维一起约王安石去公共浴堂沐浴，好说歹说，他总算

◎ 庐山温泉

答应下来，并定好沐浴的日子。可是到了那一天，王安石不想去，但失约实在有失身份。无奈之下，王安石只得应约前往。三人同浴之后，再换上新衣，全身都很舒服，从此王安石改变了以往对沐浴的看法。不过，这有可能是反变法派的污蔑之词。早在宋仁宗时，王安石前往舒州（今安徽潜山）做通判，途经此地，曾入池沐浴，留下千古绝唱："寒泉时所咏，独此沸如蒸。一气无冬夏，诸阳自发兴。人游不附火，虫出亦疑冰。更忆骊山下，歊然雪满塍。"从中可以看出，王安石巧妙地运用典故，从沐浴温泉中感受到天地之间

◎ 承德六沟汤泉行宫

的神机之妙，并通过诗文阐释出来。

事实上，人们在农耕时代对温泉的利用多以洗浴治病为主，以后又用来灌溉农田。这首先与中国可利用温泉为农业灌溉的地区并不多有关。从地域分布来看，凡是有温泉涌现的地方，人们都会利用温泉水浇灌农田，往往年年获得丰收。当然这与温泉利用普及化，仍有一段相当长的距离。郦道元《水经注》里说，用温泉水灌溉数千亩谷田，可以达到一年三熟。唐代李吉甫《元和郡县图志》亦说，温泉水可以常用来灌田，如果是十二月种田，明年三月熟，也可以达到一岁三熟。唐代诗人曾有"园内分出温泉水，二月

中旬已进瓜”的诗句。从中可以看出，早期人们注意利用地热进行水稻种植和反季节瓜果生产，获得丰收。从农业发展来看，人们认识到利用温泉水可以促进农业发展，改善生存状况。诚如宋人李之仪所言：“造化工夫岂偶然，一池如沸自澄鲜。论功但可资沐浴，有理不须深钻研。流落未妨供净社，升沉何用较温泉。更宜场稼犹能就，凡占余波尽美田”。

从造化神机到温泉之用的形成和发展，与古代人们对温泉的认识及利用是分不开的。

从温泉之祥瑞到物尽其用，最终落实在中国传统文化中的人性关系上。这在传统文化中也有所体现，常见一个典故“孔颜之乐”，即是一种达到圣人的境界，只有修养高深的人，才能够体验其价值。“孔颜之乐”的典故道出了孔子的生活原则，他把对道义的追求看得高于一切。其得意门生颜回也持有这种精神，他的平常生活，不过是一碗饭，一瓢水，住在破旧的巷子里，别人均禁不住那种忧愁，但颜回却能自得其乐而不动摇，孔子称他真是贤德的人啊！为何在“人不堪其忧”的环境下颜回却能“不改其乐”呢？他们师徒二人认为“乐”是什么？

“孔颜之乐”问题是个精神境界问题，其形式是主观的，但内容却是客观的，来源于社会生活，并且个体的精神世界是由个体眼中的人生、社会、自然、宇宙等组成的。人们对于人生、社会、自然与宇宙等的看法不尽相同，于是便产生了不同种类的精神境界。同样，每个人对“孔颜之乐”这一儒家最高境界也有着不同的理解。对古人来说，“孔颜之乐”便是“万物皆备于我”，物我合一的快乐，达到“仁者与物同体”的境界。置身于万物的快乐也是我们民族乐生的信念，或者说是古代文人从大自然中汲取生机的民族底蕴，也是中国温泉文化的特质之一。《论语》载孔子与弟子子路、曾皙、冉有、公西华侍坐一起谈人生想法。

孔子说:“不要因为我年纪比你们大一点,就不敢讲了。你们平时常说:‘没有人了解我呀!’假如有人了解你们,那么你们打算怎么做呢?”

曾皙说:“暮春时节(天气和暖),春天的衣服已经穿着了。(我和)五六位成年人、六七个少年,到沂河里洗澡,在舞雩台(鲁国祭天求雨的地方)上吹吹风,唱着歌走回家。”

孔子长叹一声说:“我是赞成曾皙的想法呀!”

曾皙的主张是以礼治国,他说的是礼治的结果,是太平盛世的图景,与孔子的“仁政”“礼治”“教化”的政治主张相符,因此孔子说“吾与点也”。曾皙所谈的沂河,在今山东曲阜东,当地有温泉,所以暮春三月可浴。汉代蔡邕《月令章句》曰:“《论语》暮春浴沂。古有斯礼,今上已三月祓于水滨,盖出此。”足以沐浴之水,可谓清兮,离尘染之身,可谓净也,水清而国大治,浴水而人高洁,“表里俱澄澈”(宋·张孝祥)。这些话语均典型地表达了“天人一体同清”的中国人文精神中“澄静晶莹”之哲学境界,纯清之美被贯通到中国温泉文化的方方面面,而成为一种内在价值。人的生命意识以及那在山水中被沐浴的污俗了的心灵,真正找到了精神家园。

值得注意的是,“浴乎沂,风乎舞雩”表达了孔子师徒想通过沂水温泉沐浴将人心与自然融为一体的大和谐,人在泉水中,人在春风里,春风沐沂水,性天风月,是人对温泉的拥入,也是温泉向人的亲近。温泉成为人类身心相契的手足朋友,可以嬉戏,可以晤谈,表达出人心与大自然关系最深的一份缠绵感。大自然具有新新不已、生生不息的力量,这是我们民族乐生的一项重大发现。这种乐生精神引发了无数后世文人的追捧,如宋代文人许尚、王之道、刘跂等人就把向往沂水之浴的心情表达得酣畅淋漓,对沂水浴赋予一种伤别,希望获得一种人生解脱。

与前人“浴沂”感受有所不同的是，宋代民族英雄文天祥在身临逆境、国处危亡的关头，赋诗《二月晦》：“塞上明妃马，江头渔父船。新雠谁共雪，旧梦不堪圆。遗恨常千古，浮生又一年。何时暮春者，还我浴沂天”。他之所以发出“还我浴沂天”的感叹，有其深刻的历史背景。他生活在一个民族危机阴影笼罩的时代。13 世纪初，蒙古族在中国北方强大起来，铁木真建立了蒙古汗国。几十年间，纵横欧亚，攻城略地，烧杀掳掠，给人民带来了极大的痛苦。他的后代灭了金国，随即挥鞭南指，进攻南宋，双方交战了 40 多年，南宋终于灭亡。文天祥的一生始终伴随着这场残酷的民族征服战争。他是一个永载史册的民族诗人。在强敌入侵、国土沦陷、生灵涂炭的危急时刻，他自卖家产，组织义军，举兵抗敌。被俘后，他义正词严，慷慨殉国。相比之下，明代大才子唐寅要幸运得多，他没有文天祥的感受，只在《暮春林壑图》说道：“逶迤十里平溪路，滴沥三重下漱泉。为底时来策黎杖，春衣要试浴沂天。”实际上，后世人们所用均为“浴沂”典故，向往儒家的“澡身浴德”。“澡身浴德”语出《礼记·儒行》：“儒有澡身浴德。”意为要如日常洁净身体一样勤于道德的修养，不断提升自己的道德品行，这也是人们所向往的最高境界之一。

确实，“孔颜之乐”与“浴沂”所传达的“乐生”思想在中国传统文化之中源远流长，千百年来，国人都在追求和谐的大同世界。而春风沂水的和谐社会不是人们观念中的理想，而是每个人都可为、可享的。礼赞生命，礼赞自然，追寻和谐，这正是中国温泉文化中的精神主旨。先哲前贤们的和谐思想和观点，表现了他们对和谐社会的热烈追求，他们的思想成为治国安民的基本法则与哲学思想，这也是中国温泉文化的重要组成部分。

二、温泉与治国之道

中国古代帝王将温泉沐浴看做一种修身养性的治国之道，赋予温泉一种皇家的神秘感。温泉因帝王而闻名，帝王亦因温泉而更加神清气爽，温泉与帝王的故事，成为中国古代温泉文化的主流。同样，温泉文化的兴衰必然随着国家政权的更迭变化，它沿着中国的政治发展史推进，从而演绎出两条发展脉络：其一是帝王通过泡温泉阐释处世哲学的过程；其二是由帝王礼治文化向民间延伸的过程。帝王文化为一脉，民间文化为一脉，二者时而交错时而缠绕，而文人骚客又穿插其中，演绎出温泉与治国之道的精彩与寂寥！

古代帝王对于治国之道往往理解为通过玩弄权术、内外相制、守内虚外等手段，将国家牢牢地玩于股掌之间。然而，不少历代帝王所关注最多的则是修身养性，以便通过其延年益寿稳操国柄，传承国祚。我们不禁要问：帝王如何通过修身养性而治理国家呢？

修身养性是通过自我反省体察，使身心达到完美的境界，这也是一个帝王所具备的治国基本素质之一。古人认为帝王治理国家的方法，就是去体恤民众疾苦，给予民众利益而不加害他们，让他们成功而非失败，让他们活下去而不要杀害他们，给予他们而不是剥夺他们，对他们和颜悦色而不要怒目相向。在历史上，汉文帝与唐太宗是少有的感悟温泉哲学、体会治国道理的封建明君。

汉朝建立之初，刘邦为收揽民心，下令将秦朝为修建苑囿园池而圈占的土地分给老百姓耕种。由于战争破坏，经济凋敝，民生困苦，汉初连皇帝想配几匹颜色相同的驾车之马也不易办到，根本无力大规模修筑宫殿园林。因此，西汉初期的几位皇帝，多崇尚节俭,没有大规模扩建宫室,只是对秦人残破的旧宫苑进行修补利用,即所谓的"秦宫汉葺"。

公元前180年,汉高祖刘邦的皇后——专权的吕后死于长安城内的未央宫。丞相陈平、太尉周勃等人发动政变,诛杀吕氏余党,拥立代王刘恒为皇帝,史称汉文帝。他尊崇黄老无为之治,让老百姓休养生息,发展生产,国家日益强盛,开创了中国历史上的"文景之治"。为了防止王侯将相骄奢淫逸,压榨百姓,危害国家,文帝谆谆教诲,勤俭节约,并身体力行。他在位23年间,车骑服御无增,长安宫室未曾扩建重饰,皇家园囿依然如故,连最受宠幸的慎夫人也衣不曳地,帷帐无纹绣。汉文帝的勤俭爱民为后世所称赞,至今在临潼还流传着一个刘恒节俭罢露台的传说。看到国家繁荣昌盛,人民安居乐业,大臣们纷纷上奏,请为文帝在骊山山顶修建露台。大臣们忠心为国,其诚可嘉,洞察秋毫的文帝看到眼里,喜在心头。但他心里却非常清楚,国家能否长治久安,自己帝位能否固若金汤,靠的不是神而是人。为了不使大臣们扫兴,又不冒犯亵渎神灵,他不明言反对,而是别出机杼地命令工匠计算修

建露台的费用。工匠们经过一番计算，上报说需黄金一百斤。文帝听后，故作惊恐地说："一百斤黄金，是十个中等生活水平人家的全部资产啊！我住在祖先修建的皇宫里，心里都常常感到惭愧，今天怎么能用万民的血汗钱去修露台呢？"于是便拒绝了在骊山修建露台的建议。据说，有一次汉文帝去骊山温泉游幸，驻跸新丰时，对慎夫人说："这就是去邯郸的道路啊！"原来，文帝执政以前封代王，封地在河北邯郸，说此话的意思是不要忘记过去，再走回头路。可以说，汉文帝将节俭看做一种体恤民众的治国之道，认为骄奢淫逸会脱离民众，导致民怨沸腾，国家危亡，身陷囹圄。

除汉文帝外，历史上亦不乏帝王注意节度、忧虑国事，并成为千古佳话。唐太宗李世民虚心纳谏、励精图治，重用魏徵、房玄龄、杜如晦、长孙无忌等名臣，开创了"贞观之治"的局面，在中国历史上是一位杰出的封建帝王。贞观十八年(公元644年)，由著名建筑家、画家阎立德主持在长安周边的骊山营建的"汤泉宫"(即华清池)，历时四年竣工。于是，唐太宗率文武百官临幸汤泉宫，在专用的"星辰汤"里泡温泉。洗浴之余，他还亲笔写下著名的《温泉铭》，并命石匠乐石制碑拓印以示群臣。虽然原文已失，只留给我们一个拓本，但是仍可以找出蛛丝马迹，发现其治国之道的奥妙。对于自己到骊山来泡温泉，如何面对谏臣与黎民百姓，唐太宗的心里惴惴不安。他感到此事欠妥，生怕别人说其独自享乐、荒废国事。作为一位以史为鉴的帝王，他懂得防民之口甚于防川的道理，不如利用《温泉铭》作一次申辩："朕以忧劳积虑，风疾屡婴，每濯患于斯源，不移时而获损。"从表面意思来看，意为"我为国事操劳而非常辛苦，且患风湿病多年，所以用泡温泉的办法来治病，而且这个办法还真管用，每次在这里洗浴，病情都会有所减轻"。从人情事理来看，唐太宗的这种心态颇值得玩味。按理说，一位功高盖世的帝王在物华风美的地方建行宫，时不时地来泡泡温泉，即使不对臣民作出"解释"，自然也无所异议，何况贵为九五至尊的皇帝,难道想泡一下温泉还需要理由吗?自古以来,“普天之下,莫非王土,率土之滨,莫非王臣”的理念深深地烙印在人们心中,帝王是天子,代表天所做的任何事情都不会受到谴责,所以根本不需要理由。

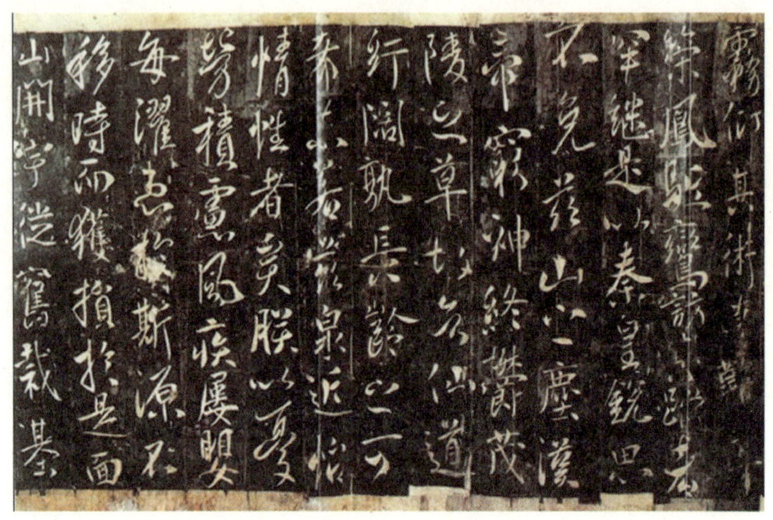

◎ 唐 李世民 温泉铭

然而,唐太宗还是向臣民作出了“解释”,我们不禁要问为什么呢?虽然答案是多方面的,但从治国之道来看,唐太宗的内心深处还是有所敬畏的。一方面他亲眼目睹了隋炀帝因奢华腐败而亡国;另一方面,他任用贤臣,时刻规谏自己的私欲,长此以往形成一种良好的定势。如魏徵与李世民是封建社会中罕见的一对君臣:魏徵敢于直谏,多次拂太宗之意,而太宗竟能容忍魏徵“犯上”,所言多被采纳。因此,他们之间发生的许多故事至今让人津津乐道。

有一次,唐太宗问魏徵说:“历史上的人君,为什么有的人明智,有的人昏庸?”魏徵说:“多听听各方面的意见,就明智;只听单方面的话,就昏庸。”他还举了历史上明君尧、舜和暴君秦二世、隋炀帝等例子,说:“治理天下的君王如果能够采纳臣下的意见,那么下情就能上达,他的亲信要想蒙蔽也蒙蔽不了。”唐太宗连连点头。

还有一次，魏徵在上朝的时候，跟唐太宗争得面红耳赤。唐太宗实在听不下去，想要发怒，又怕在大臣们面前丢了自己虚心纳谏的名声，只好勉强忍住。退朝以后，他憋了一肚子气回到内宫，见了他的妻子长孙皇后，气冲冲地说："总有一天，我要杀死这个乡巴佬！"长孙皇后很少见太宗发那么大的火，问他说："我不知道陛下想杀哪一个？"唐太宗说："还不是那个魏徵！他总是当着大家的面侮辱我，叫我实在忍受不了！"长孙皇后听了，一声不吭，回到自己的内室，换了一套华丽的礼服，向太宗跪拜。唐太宗惊奇地问道："你这是干什么？"

长孙皇后说："我听说英明的天子才有正直的大臣，现在魏徵如此正直，恰好说明陛下的英明，我怎能不向陛下祝贺呢？"

这一番话就像一盆清凉的水，把唐太宗满腔怒火浇熄了。

正因这种君臣之间的坦诚相见，所以当魏徵去世后，唐太宗思念不已，发出千古一叹："以铜为镜，可以正衣冠；以古为镜，可以见兴替；以人为镜，可以知得失。魏徵殁，朕亡一镜矣！"不因位高权重就为所欲为，亦不敢过于放纵自己追求享乐的欲望，正是

◎ 中国 AAAAA 级景区
——华清池

这样，唐太宗即便是在享受温泉浴的时候，亦保持一份敬畏之心。其可贵之处正是积极地从与民众同利害、克服自身弱点和失误出发，主动地视民为政治的根本，用他的形象比喻就是：民是君的“股肉”，这是极富人性意味的。

由此可见唐太宗李世民善于抓住问题实质、颇注重自律的封建帝王风采。“贞观之治”作为一个政治现象和历史现象，确实是中世纪中国的一个奇迹。

中国帝王泡温泉的处世哲学主要关乎礼仪，关注治国之道。可见，“礼”文化作为古人治国的一种模式，它体现了中华民族异乎寻常的浪漫主义社会理想，同时也积淀了浓厚的礼文化底蕴。从先秦时期始，以礼治国的文化模式就影响着中国历史发展的进程。至汉武帝“罢黜百家，独尊儒术”以后，儒家学说逐渐成为社会主导思潮，对国家礼仪典章制度的影响也日益凸显，以礼治国成为“天下有道”的象征，礼治也成为历代政治家所追求的政治目标。

◎ 星辰汤，建于公元644年，专供唐太宗使用，原名“御汤”

礼之所以能起到治国安邦的作用，其重要原因之一在于它的教化功能。首先从帝王与臣民的日常生活方面来看，我们会发现他们之间既存在着森严的等级制度，又蕴涵着温情脉脉的一面。华清池的建制正是具体而生动的“礼”的象征。“星辰汤”的设计是阎立德根据唐代礼制规定，再结合天空星象、二十四节气，即天、地、人三位一体的理念设计建造的。古代人相信天上有天帝主宰宇宙，地上有皇帝统治人民，星座的位移、明暗、陨落，反映着皇权的变化。信奉“天人合一”说的唐玄宗便将酷似北斗七星的

"御汤"，更名为"星辰汤"。其用意正是企求苍天北斗保佑李唐王朝永固帝位。太子汤的沐浴者，顾名思义就是东宫的皇太子，太子汤采用"星辰汤"排水道供水，既摆正了皇帝与皇太子之间的尊卑关系，解决了礼制犯忌的问题，又寓意着来自"星辰汤"的温泉能使皇太子常沐父皇恩泽。"尚食汤"形制小，工艺简单，并无奇特造型，相对于前面的御用汤池，显然沐浴者的地位不及前者。一般来说，为皇帝赏赐给等级较高的随行内侍官员的沐浴场所，在此沐浴常沐皇恩，知圣心之苦衷，更会为李唐王朝的江山社稷效忠。唐太宗李世民死后，他专用的泉池"星辰汤"废弃不用，池中的泉水被引到别处，供文武百官沐浴之用，象征"皇恩浩荡，雨露均沾"之意。因而，随同唐代帝王泡温泉的官员感恩戴德，热衷于歌颂华清宫温汤。唐玄宗时宰相张九龄曾作《奉和圣制温泉歌》：

有时神物待圣人，去后汤还冷，来时树亦春。今兹十月自东归，羽旆逶迤上翠微。温谷葱葱佳气色，离宫奕奕叶光辉。临渭川，近天邑，浴日温泉复在兹，群仙洞府那相及。吾君利物心，玄泽浸苍黔。渐渍神汤无疾苦，薰歌一曲感人深。

大诗人李白亦曾得到扈从唐玄宗侍御温泉的恩典，对此称赞曰：

汉帝长杨苑，夸胡羽猎归。子云叨侍从，献赋有光辉。

激赏摇天笔，承恩赐御衣。逢君奏明主，他日共翻飞。

帝王的温泉恩赐不仅给大臣带来物质的愉悦，而且增加了他们的灵魂享受，更拉近了帝王与大臣之间的关系，为"礼"增添了家庭式温情，这也正是中国文化的根基所在。

封建时代的文官践履一条礼则"食君之禄，担君之忧"。帝王对大臣的尊礼，大臣亦予以回报。当帝王沉湎于享乐温泉之时，大臣会竞相劝阻。如唐玄宗去华清池温泉享乐久久未归，当时京师长安的人们都抱怨皇帝不理朝政，身为朝廷重臣的阎用之献四诗十二章进行讽谏。唐玄宗特意对他进行嘉奖。值得玩味的是温泉的礼治文化深深地伴随着李唐王朝的始终。

元和十五年初，尚在宪宗治丧期间，唐穆宗就毫不掩饰自己对游乐的喜好。当时唐王朝西北边疆战事吃紧，他却突然下诏："朕来日暂往华清宫，至落日时分当即归还。"十二月二十日，朝廷大臣元稹与中书、门下两省官员三十人不得不共上《两省供奉官谏驾幸温汤状》，明确指出，玄宗凭借着"开元盛世"盈余的国家财富，在骊山修葺宫殿，置官署。每次去游玩，整个京师的有关部门都陪同前往，尽管这样不妨碍朝廷议事，但是警卫戒严造成人们不便，而且耗费大量的国家财力，使得数年之后天下萧条。后来唐玄宗深鉴其教训，将骊山宫殿毁坏，永远停止修建，官署全都复为田地，使骊山民生渐渐好起来。当今陛下如若轻装骑马前往，道路上就不需要准备食物；如若乘皇舆、用帐殿会给所经周边城县带来负担，给安全护卫带来麻烦，还有军队及百官食宿安排等一系列的事宜。

实际上，当时唐宪宗刚去世，穆宗游玩温泉已经僭越礼制，因而大臣们警示他不要前行，否则会失去人心，给国家带来灾难。

中国的礼文化也深深地影响到周边国家，推动其文明的进步。高丽王国太子倎温泉知礼即是典型。宋元之际，朝鲜半岛的高丽王国受到正崛起的蒙古帝国侵扰，为避免战祸，高丽权臣崔氏以强硬手段实行迁都。高丽皇室对此多有不满，遂倾力推翻了数代专权的崔氏，并派遣太子倎入朝交涉。太子倎跋涉千山万水前往蒙古帝国访问，以向蒙哥皇帝做辩白和谢罪。他从燕京（现北京）出发，路过关中京兆府临潼，被当地官员迎接到华清宫沐浴。太子倎表示反对，说："这是唐明皇（玄宗）所用过的，我只是一个臣子，安敢在此沐浴？"大家听到他的话，都感叹其熟知中国的礼仪制度。可见，高丽太子倎有着深厚的儒家礼文化修养，对中国"以礼治国"的理念颇为熟悉。同时也折射出中国礼治文化影响深远。

在崇尚“礼治”的中国，温泉所承载的治国之道，不仅使温泉之礼成为一种广泛而有力的社会规范，而且使温泉之礼向民间渗透，培养了中华民族“贵和”的价值追求。

三、温泉与修身养性

孔子云：“智者乐水，仁者乐山。智者动，仁者静。智者乐，仁者寿。”而老子则曰：“上善若水，水善利万物而不争。”水在中国文化中的象征意味颇为丰富。由之而生的温泉文化亦不复祛病休闲的简单功效，更多趋向仁心修养，智慧练达之意。

儒家文化作为中国传统文化的代表，注重对人的关怀，是一种回归人的文化。天地生生不已的德性，人身上也具备，儒家称之为仁德。仁德是一种生物之心，希望万物都能活泼生长。北宋周敦颐，字茂叔，他窗前的杂草从不除去，因为每当他看到春天窗前杂草悄然生长，看到万物生生不已，便会油然升起一股仁人爱物的情怀来。这个掌故叫做“茂叔窗前草不除”，为后世儒者津津乐道。南宋朱熹写了一篇《仁说》说：天地之大德是生生不已，这个大德像种子一样种到每个人的心里，成为每个人的仁德。朱熹还写过一首诗：“半亩方塘一鉴开，天光云影共徘徊。问渠哪得清如许，为有源头活水来。”天地生物之心，是人类心灵的源头活水。这种天地之心的内核，反映了儒家文化的精神内涵，择其要，可以概括为三点：

一是人本主义精神。儒家文化的人本主义精神讲求在处理人与自然的关系方面，更多关注人在自然中的位置，强调如何去做人，如何处理好人与人之间的关系，主张通过个人的道德自我完善，实现人生的价值。这一切形成了儒家文化注重人文、注重道德、注重感性的特点，并逐渐培养起一种道德的精神。

二是“内圣外王”精神。“内圣”就是要重视对自我的关怀，追求自我道德的完善，也就是通过格物、致知、诚意、正心、修身，把自己修炼成圣人，至少是按照圣人的标准去修炼。“外王”则重视对群体的关怀，强调通过个人的积极入世把修炼的内圣功夫释放出来，服务于社会，贡献于国家，从而达到齐家、治国、平天下的人生抱负。

三是积极入世精神。中国人很早就从内在生命力量和外在环境变化的体验中，深刻领悟到作为人的尊严、价值和意义。因此，中国人更注重追求现实世界的幸福生活。孔子本人就是一个积极实践者。当然，儒家文化教给人们一种乐观向上的、积极进取的精神。

事实上，儒家思想的产生伴随着一系列与沐浴相关的故事，如孔子诞生、沐浴而朝、沂水之浴等，这些事例推动儒家精神具备高度的个人修身。孔子的诞生就与沐浴有关。颜征(孔子之母)生孔子的那一天，夜梦两条苍龙自天而降，两位神女手捧香露从天空冉冉而来，征以香露洗浴，同时天奏仙乐，不久生下孔子。孔子

◎ 孔子浴沂处

“十有五而志于学，三十而立，四十而不惑，五十而知天命，六十而耳顺，七十而从心所欲，不逾矩”。他一生以“克己复礼”为己任，既是周礼的修订者，也是周礼的实践者和捍卫者，“沐浴而朝”是其最日常却最重要的表现之一。据载春秋时期，齐国一位大夫名叫陈成子，又名田成子。他以大斗借出、小斗收进的方法施惠下民，很受齐国百姓的拥戴。公元前481年，他杀死齐简公，夺取了齐国政权。听说田成子杀了齐简公，孔子忧心如焚，立刻斋戒沐浴，想进宫去见国君。慌乱之中，他急得把盆子都踢翻了。家人见状，都劝孔子不要顾这些礼仪了，结果遭到孔子的一顿训斥。沐浴完毕，孔子入宫见到鲁哀公。孔子说：“田成子把他的君主杀了，这是大逆不道的行径，请你出兵讨伐他。”哀公说：“你去报告那三位大夫吧。”孔子回家后失望地说：“因为我曾经做过大夫，所以才前来报告，君主却推脱自己的责任！”他的请求遭到哀公的婉拒，心里有些遗憾，但又无能为力。《论语》将他此时的情绪详尽地记录了下来。

在中国传统文化中，“沐浴而朝”不仅是一种隆重的礼仪，而且也是古代人的信仰与精神生活。儒家文化提倡“儒有澡身而浴德，与其澡于水，宁澡于德”之说。孔子的门生曾皙把洗澡作为一种至美的人生境界加以赞赏：“莫春者，春服既成，冠者五六人，童子六七人，浴乎沂，风乎舞雩，咏而归。”这表明中国温泉洗浴文化的传统，不仅在于发肤之康洁，更讲求品行之端庄、德行之良好。

在古代儒家的学说中，“养性”的目的与其说是为了养生，倒不如说是为了治国平天下。作为儒家“亚圣”的孟子早就提出过“修其身而天下平”的口号，而修身的方法则在于“存心养性”。既便在温泉洗浴中，人们沐浴调养、休闲养生的活动，也处处以儒家人本主义精神为追求，在贵生养生活动中，静观自然，反照诸己，体验儒家“内圣外王”精神。作为世俗生活的关照，温泉与儒家文化的精神是暗合的,而且温泉文化把儒家文化日常化、生活化,让儒家精神变得平易近人,可以感知,可以亲近。不过,儒家强调尊卑有序的礼教,而温泉文化很大程度上解放了礼教的枷锁,只有在温泉这个特殊地域,人的地位、尊严才得以平等化,平时威严的帝王将相在温泉里也是欢笑自如,气氛很是融洽。可以说,温泉轻松地减弱了儒家文化的严肃性,这不能不说是温泉文化的一个巨大魅力。

道家文化讲求清虚自守、卑弱自持的养性方法。这种顺其自然、从心所欲,崇尚无为而无不为的最高境界即达到天地自然的“道”状态,从“无为”到“无不为”。老子这样借水阐述“道”:世间没有比水更柔弱的,然而攻击坚强的东西,没有能胜过水的。的确,水的性格是非常温柔的,却是无坚不摧的,能以柔弱的一面占胜刚强。

如果说道家文化借“水有柔弱的一面”来阐释道,那么贵生养生、动静相养也有其合理的一面。“贵生”“重己”要做到身体与精神的养生,这也是道家各派的共同点。当然,养生之道,必须使饮食适宜,达到精气流动,精神安形,才能得以延年益寿。

人生活在这个世界上有追求自由精神的权利。其实庄子也重视个体精神解放,这种宗旨的最高表现是“逍遥”,即生存在无矛盾的世界之中。在这方面,道家文化强调打破小我界限,达到与天地自然合一的超越精神,特别能涤荡人的心胸,以审美的意态关注世界,对中国的诗歌、绘画等均有重要的影响。道家文化所追求的自守、自由,与其说“贵生”,不如说是“养性”,水往往成为沟通人际关系的中介物。道家认为,水是清净之物,它有消除身心污垢的作用:“清净之水,日月华盖,中藏北斗,内隐三台,神水洒处,厌秽速开,祸去福来。”

水与道结合成为历代信奉道家思想的人们所向往的理想。据史载,魏晋南北朝时期道家传人李顺兴泡温泉,成为魂归温泉的奇人。

李顺兴,京兆杜陵人。在他十余岁时,一会儿愚笨一会儿聪明,当时人们无法判断其人。他能够对未来做出预测。他在隆冬季节穿着单布衣,赤脚在冰上行走,进入水中洗浴,从不畏寒。家里经常先做斋祭。而后餐食,所用器皿奇特。李顺兴说:“在昆明池中有大荷叶,可取盛饼食。”昆明池距离其居所有十几里地,太阳影子还没有移动,顺兴就背着荷叶归来了,而且脚上带着泥,大家都非常惊异。后来他逐渐出入城市里,头上戴着道士帽子,如果有人想念他,不过数日,立即到其家里。他自己号称李练,好喝酒,但不会喝醉。他得到别人的施舍,便散发给乞丐和贫困之人,因此富贵贫贱的人都很尊重他。

后来,萧宝夤造反,召李顺兴询问道:“我做王能有多少年?”李顺兴回答说:“做天子的有百天者,有十年者,有一年者,有统治百年的。事情可以明白的。”萧宝夤从造反到失败果然才有百天。

后来,有一个叫侯终德的官员,是萧宝夤的同党。萧宝夤兵败后,侯终德召集叛兵,再次造反。但是,李顺兴说他一定会败,侯终德就用木棒打死李顺兴,扔在城隍庙里,过了一会儿,李顺兴又活了过来。

贺拔岳北伐时,李顺兴给魏收写信,上面列出毛鸿宾等九个人的姓名,这些人最后全部被放回。蒲板叛乱时,李顺兴跟随在后面,提一个河东酒缸,用绳子系住,在城中街巷拉着走,很快蒲板投降。又过了不久,他到太傅梁览家中躺下,用布衫倒盖在身上。后来梁览与赵崔反叛,与东魏往通使节,事情败露后被杀,梁览的衣服倒盖在身上,果然像李顺兴那个样子。

周文帝到温泉时, 李顺兴请求得到温泉东边骊山脚下的二亩地。周文帝问:“李练用这二亩地干什么?”他回答说:“有用。”没过多久,便在温泉旁去世。

在中国传统社会中,以李顺兴为代表的道家人物的向往与其说追求“无为”而退，不如说是他们对现实污浊的一种清净的表达。的确，道家以其沉隐的思想，让古代不少知识分子有种功成身退、回归自然的向往。正合了道家“人法地，地法天，天法道，道法自然”的思想。“道”是化生天地的万物之母，其性是无为的，其发展变化是自然而然的，又好像“道”是效法“自然”的行为，因此说“道法自然”。温泉为自然之物，具有自然之形与自然之神，故常被引用到道家思想中来。因为水柔软流动，是有形迹可寻的，如同“道”一样。水在下不争，无私仁爱，准平有信，为政要像水一样公正平衡，行动要像水一样善于把握时机适时而动。抛弃尘世烦扰，在泉水中动静结合，贵生养生，体验精神世界的自由驰骋，放飞美好神奇的心灵世界，温泉带给人的是道与自然的统一、理想和现实的统一。

总之，中国温泉文化以德礼为中心，汇聚了天地人三种特质，这种特质代表着中国温泉千年持续发展的一种独特的文化现象，华清池作为天下第一御温泉，亦正合了自天地万物而芸芸众生之间对人心的回归，对礼的敬畏。

『第四章』

芳流无竭御温泉
——天下温泉看临潼华清

在奔流不息的历史长河里，骊山温泉有着悠久的历史和深厚的文化内涵，引领着人们在时光倒流中品味华清池温泉芳香凝脂的动人故事，探寻德礼兼备、融汇天人的中国温泉文化。

一、天下第一御温泉

◎ 中国 AAAAA 级景区
——华清池

华清池位于骊山脚下。骊山脚下的温泉，自古就是帝王游乐的胜地，他们在此兴建豪华壮丽的离宫草木丰美的别苑，尽享温泉的舒爽与造物的神奇。

华清温泉的由来，却要追溯到秦始皇了。相传秦始皇兼并六国，完成统一大业后，变得越来越骄横，眼里容不下沙子。有一天，他兴致勃勃地来到骊山游玩，见山上的娘娘庙香火很旺，也前去朝拜。侍卫们赶走众信徒后，秦始皇进了娘娘庙。娘娘庙并不大，秦始皇转一转便停在女娲娘娘的神像前不动了。他见女娲娘娘的神像非常美，心想自己实现天下一统，建立了盖世功业，如果能找一位像女娲娘娘这样美丽的姑娘作妃子，那么人生就不会再有遗憾了。他正想着，不觉向神像前迈了几步。突然“呸”的一声，女娲娘娘吐了秦始皇一脸口水。秦始皇摸着自己的脸，大吃一惊，泥塑的女娲娘娘神像，怎么还能吐口水，莫非她显灵了？秦始皇越想越害怕，脸变得苍白，急忙带着侍卫们离开了这座骊山娘娘庙。

说起来也很奇怪，秦始皇被女娲所唾的脸竟然生起疮来，而且溃烂得非常厉害。他急忙召来太医，太医竟无法治疗。听了太医的话，他暴跳如雷，要求大臣们拿出好办法来，否则严惩不贷。其中，有位名叫项平的心腹大臣，深知秦始皇不肯服输的脾气，便秘密地告诉他："陛下是天子，富有四海，就是偶尔不恭敬，没有多大过错，女娲娘娘也会原谅的。"听了项平的话，秦始皇脸上的愁云并没有消散，他仍皱着眉头，没精打采地说："可是女娲娘娘并没有原谅我呀。"

项平见秦始皇语气平和起来，接着说："如果陛下虔诚地去庙里烧香，那么女娲娘娘见您确有诚心，就会宽恕的……"秦始皇实在没有办法，只能死马当活马医了，他再次去娘娘庙烧香。这样一连七七四十九天，女娲娘娘终于被他的虔诚感动了。

这天，秦始皇刚拜完，从桌上签筒里就跳出一支竹签，他接过一看，上面写着"汤泉洗痂"四个字。正在思索，侍卫进来禀报说，骊山下出现了许多热气腾腾的汤泉。秦始皇听了心中大喜。原来，女娲娘娘恼怒秦始皇轻薄无礼，所以用脸上生疮惩罚了他。然而，她见秦始皇能知错改错，是个多少有些功德的皇帝，就帮他治疗。女娲娘娘从怀里取出一个瓶子，用树枝蘸了些水向骊山洒去，山下便出现了热气腾腾的温泉。秦始皇用温泉冲洗疮痂，时间不长，脸便渐渐好了。一代英豪，给人们留下了一个改错的故事。

事实上，华清池温泉形成于二三百万年以前，六千年前就为姜寨先民所利用。清顺治《临潼县志》载："骊山温泉自三代末显于世"，有三千年皇家园林史。以六千年温泉利用史、三千年皇家园林史而著称。自周幽王在此利用温泉，并"举烽火以戏诸侯"，骊山烽火戏说千年。从秦代起，它就为人们所重视，砌石起宇，以治疗疾病。汉武帝时，在秦汤基础之上修葺扩建为离宫。到了北魏时期骊山温泉是"上无尺栋，下无环墙"，满目疮痍，残破不堪。北魏延昌初年(公元512年),雍州刺史元苌在游览骊山时,看到这片残败景象,感慨万千。随即召集幕僚和地方豪绅,制订重修骊山温泉旧宫的计划,得到长安城民众的支持。元苌筹集资金,组织人力,“剪山开障,因林构宇”,重新修建了宏伟的温泉堂馆。

经过元苌和众人的努力,骊山温泉面貌焕然一新。于是,“三辅之英,五都之士”慕名而至,骊山温泉又呈现出了往日的热闹景象。工程完毕后,为纪念此事,元苌还撰写了《振兴温泉之颂》一文,以记述温泉水的医疗功效和当时各地民众前来水疗的盛况。

北周时期,骊山温泉又成为达官显贵游乐的重要场所。周武帝宇文邕游幸之后,被骊山温泉的美景所吸引,但兴致过后,尤感美中不足,认为北魏元苌时所修建的汤屋低矮颓废,沐浴设施简陋不堪,不甚雅观,有失皇家尊严,于是诏令权倾朝野的大冢宰、雍州牧宇文护在骊山温泉修建皇家园林和宫苑池阁。

宇文邕随即征调京城附近出类拔萃的能工巧匠,挑选奇花异石、上等建材,运送骊山温泉选用。一切准备就绪,宇文护选择良辰吉日,在骊山温泉祭祀天地,开始修造“皇堂石井”,宫馆楼台、扩建皇家禁苑,将骊山温泉建成了一座风景秀丽、颇具规模的皇家园林,在南北朝时期的园林中,一枝独秀。新离宫落成后,周武帝举行了规模盛大、内容丰富多彩的庆祝活动,此后常带嫔妃宫娥、文武百官来骊山温泉行宫巡游沐浴。

隋文帝时重加修饰,列植松柏数千株。到了唐代,骊山温泉进入历史发展高峰期。唐太宗李世民在此营建宫殿楼阁,取名“汤泉宫”。唐高宗改名“温泉宫”,依据字画和骊山有温泉的实际状况,不用考证解释即可理解是以泉名宫。

唐玄宗李隆基,为了便于出游骊山,大规模扩建华清宫。华清宫的庞大建筑群,比起唐长安的皇宫(太极、大明、兴庆)有过之而无不及。宫殿布局别致,尽有河山之胜,使自然之美在人工雕琢下更加壮丽。它背靠骊山，面对渭河，“辟门可以瞰清渭，登高可以临商于”。华清宫以温泉为中心，倚山面水，从山下到山顶，缭墙环绕，宫殿林立，楼阁相属，百司廨署，错落其间，富丽堂皇，无与伦比。“长安回望绣成堆，山顶千门次第开”，正是这种情景的生动写照。宫殿之间以长廊相连，并有登山夹道和通往长安城的复道，把华清宫与兴庆宫、大明宫紧密地联系起来。唐代诗人郎士元称赞其极为华丽壮观：

骊岫接新丰，岧峣驾翠宫。凿山开秘殿，隐雾闭仙宫。

绛阙犹栖凤，雕梁尚带红。温泉曾浴日，华馆旧迎风。

后因宫内多温泉浴池，取“温泉毖涌而自浪，华清荡邪而难老”的诗意，把骊山宫殿正式定名为“华清宫”，这一名称沿用至今。“华清”一词最早见于记载，是在北周王褒的诗文中：“挺此温谷，骊岳之阴。白矾上彻，丹砂下沉。华清驻老，飞流莹心。谷神不死，川德愈深”。从诗意理解，“华清”有能使人青春永在之意。更改宫名、地名，必须事出有因，并非某个人一时心血来潮而为。

不可否认，在中国古代，大到国号定名，小到宫殿的命名都备受重视，须经过认真讨论和仔细甄别后由皇帝御定或命名。华清宫的取名更应如此。尤其是命名的内涵不一而足，或引经据典法古，或祈求长治久安，取吉祥如意语，或者上合天象，或以地名宫。唐高祖李渊借老子在羊角山显圣为名，自称李氏皇族乃老子后人。至此，崇道之风在大唐的疆土上迅速蔓延。唐玄宗也继承先祖传统，笃信道教，好祀神鬼，自称“吾奉上帝所命，为元始孔升真人”，俨然以道家真人自居。他主要是祈求上天神灵庇佑李唐江山永固，千秋万代；同时也向世人表明，唯他才是真正秉承上天之意来统治万民的事实。如若深究其内，发现“华清”之意也隐含着，唐玄宗希望人间的华清宫能和道教仙说中的“华清宫”具备一同的功能，使他和杨贵妃早日得道成神，位列仙班，长生不老，与天地同寿，和日月同辉。

因此，每年十月唐玄宗都要携杨贵妃姊妹到华清宫中“避寒”，次年暮春才返回京师长安，其间处理朝政、接见外使均在华清宫中，宫殿内置百官衙署和公卿府第，华清池至此达到了它历史上的鼎盛时期，时称“天宝第二都”“小长安”。来自各国的使臣、外域的可汗，都曾受到大唐天子的恩赐——沐浴温泉，享受这份特殊礼遇。

安史之乱后，华清宫原有建筑残存无几。尽管唐后期的皇帝曾想恢复华清宫原貌，但迫于朝臣压力、经济衰落、藩镇割据、朋党之争等历史原因，不得不放弃。随着唐王朝的衰亡，华清池也日趋荒芜。晚唐张籍《华清宫》，抒发了他对华清池破败的悲伤感怀：

温泉流入汉离宫，宫树行行浴殿空。
武帝时人今欲尽，青山空闭御墙中。

而唐人谢宗的咏温泉诗写得更是意味深长：

香泉涌出半池温，难洗人间万古尘。
混沌壳中天不晓，淋漓气底夜长春。
波涛鼓怒喧风雨，云雾随荫护鬼神。
却笑相逢裸形图，不知谁是浴沂人。

实际上，华清池这座帝王的离宫与汉唐的长安城一样，逃不脱因改朝换代而遭受毁灭的命运。但是，历代文人骚客对它仍念念不忘，留下不少佳作。宋人钱易的怀古温泉诗“车服金玉焕，黎庶饥寒愁。骊山温泉宫，昼幸与夜游。一游百司备，万费一日休”，则细述了唐玄宗时期政治腐败的情况，规劝君王不要无度游玩，要以史为鉴，“岂可信嗜欲，侮弄生疮疣”。

元代张之翰在《骊山温泉》一诗中对华清池则表达出新的看法：

鞍马西来恰入秦，满身都是驿途尘。
解衣贪浴方池水，忘却题诗讽太真。
地气蒸腾火气燃，山间是处有汤泉。

一般洗涤人生垢，不似华清受污篇。

从上述诗作来看，与其说文人对骊山往事的叙写多出于历史的感怀，不如说他们对华清池的一种人生凭吊吧！

自从五代开始，政治重心由西向东移，经济重心由北向南移，长安的政治、文化地位渐衰，到北宋基本上退出历史舞台。此后，金、元、明等朝对于西安，考虑的是其边防地位，再也不建都于此。清朝建立，康熙皇帝率西行队伍在临潼零口镇张弓围猎之后，驻跸骊山华清池行宫，他御笔书写“大地阳春”牌匾，又下诏告谕官吏，不要因为自己临幸了骊山华清池而禁止广大民众来此游玩沐浴。

◎ 环园

到了光绪年间，临潼地区来了一位名叫沈家祯的江南人做知县。在他上任之前，关中地区发生大灾荒，饿殍载道，游民遍野。沈知县到任后，马上号召临潼商民豪绅，有钱的出钱，有粮的出粮，多行善事，共抗灾难。经过沈知县与商民的努力，临潼地区的灾情得到缓解。沈知县鉴于骊山温泉原来的房屋多因战乱而焚毁，就招募山西、河南等地来临潼乞食的游民为劳工，将人们捐来的款项，用来重修骊山温泉，在唐代华清宫的旧址上修建了一个面积为6000平方米的园林，这是清末陕西地区所建规模最大的一处园林佳作。特别是沈家祯把江南的许多建园方法用在这里，从此昔日唐代华清宫的旧址上出现了一个既有北方园林的恢弘气势，又有南方园林的婉约小巧，南北园林风格荟萃的“园中园”。园内有水有楼，有亭有舫，依据山势的起伏来布局，自成一体，给人一种精巧雅致的感觉。为了追忆唐代的浪漫爱情故事，沈知县特意用杨玉环名字的最后一个“环”字，给这个园林起名“环园”，寓示着这里是杨玉环生活过的宅园。后来，园主人为了给环园增添更多的浪漫色彩，精心杜撰了一些关于杨贵妃的传奇故事，环园里的建筑都是围绕这些故事而设计的。这里既有象征贵妃观鱼的“望湖楼”，也有象征贵妃游玩赏荷的“荷花阁”，尽管这些都是后人杜撰的故事，但这些故事已经成为唐代华清宫传奇的延续。

清末八国联军进攻北京，慈禧太后西逃时曾住过这里。1936年，蒋介石两次到西安，都以华清池为“行辕”。震惊中外的“西安事变”也在此地发生，这次事件直接引起了第二次国共合作，是中国抗战史上重要的转折点。新中国成立后，郭沫若先生游览华清池后感慨万千，亲笔题写“华清池”金字匾，并欣然作诗曰：“华清池水色清苍，此日规模越盛唐。不仅宫池依旧制，而今庶民尽天王。”新中国成立后人民当家做主，华清池不但焕发青春，而且从帝王独享成为普通大众共享。

二、依山枕流

在中国众多温泉中，华清池是如何脱颖而出，名扬天下的呢？除了诗人称赞的“不尽温柔汤泉水，千古风流华清宫”外，华清池的地理位置尤为重要，或者说风水好。她南依骊山，北临渭水，西距古都西安30公里，优越的地理位置、旖旎的山水风光使其备受历代帝王垂青。帝王除垂青其美妙风光外，还青睐其依山枕流绝佳的龙脉风水。据古代风水学解，依山傍水是风水最基本的原则之一，山体是大地的骨架，水域是万物生机之源泉，没有水，人就不能生存。我们不难理解在帝王眼里为何华清池如此重要。华清池所依的山为骊山。骊山是中国名山之一，是华清池的重要组成部分。其山势峻峭,断层地貌别具一格。山上四时有不凋之树,三春有飘香之花,景色迷人。这里山形秀丽,峰峦起伏,远远望去,好似一匹凝神远眺、跃跃欲奔的苍色骏马。

相传远古时期水神共工与火神祝融作战,共工最后战败,恼羞成怒,用头猛撞不周山,使这根擎天柱倾倒,天空坍塌,露出一个可怕的黑窟窿。一时间日月无光,昼夜难分,狼虫虎豹走出山林,冰雹洪水肆虐田野,人间遭受了一场可怕的灾难。当时有一位神通广大的女神骊山老母,见此情景,就想拯救这些受难的人们,便不顾一切离开天宫回到人间。她施展法力,端来了东海的水,浇灭了大地上的火。可是由于天的一角塌了下来,使天上出现了一个大窟窿,风雨雪电便从这里不断地袭击着人们,怎么办呢?后来她想出一个炼石补天的方法。可是这么多石子,需要有法力的人帮助才能完成。其实,她身边的两个女儿都很聪明能干,也都很有一些法力。当她们听说母亲到了人间后,也追了下来,一同帮着母亲,四方奔波,从大江大河里拣来了红、黄、蓝、白、黑五种颜色的石子,放在骊山炼了起来。火光烧红了天,也烧红了地,这些火光后来被日月星辰吸收去了,日月星辰又恢复了光亮。这样一直炼了七七四十九天,把所有的石子都炼成了石浆,她们又把炼好的石浆取出来,擀成一个又一个薄薄的石饼,然后再趁热一片一片地补到天上去。

不过,她们这样来来回回地奔波太费事了。这时聪明机智的小女儿,为了争取时间,减轻母亲与姐姐的劳累,就变成一匹美丽的飞马。这样一来,就方便得多了,她既可以驮着母亲和姐姐,又可以将石饼飞快地补到天上去。一次、两次……不知道来回奔跑了多少次,也不知道补了多少片,直到把炼好了的石浆都补完了,总算把天补上了,使天又变得和原来一样好看。这时她们的心里像吃了蜜一样甜,就随便躺了下来,准备歇息一会儿。可这一歇息不知道过了多久,当她们醒来时,向四周一看,只见大地上白茫茫一片,什么也看不清,不由得吃了一惊。原来她们并没有把天完全补好,还留有一些缝隙。恰逢此时,一些纷纷扬扬的雪花便从缝隙里钻了出来,洒向人间,覆盖了大地。情急之下,她们便就地挖起一把把的雪来,攥成雪球,又骑着飞马,向着那些缝隙,使劲地扔去,天便被堵住了。她们不断地攥着,扔着,又费了好大的力气,总算把天补好了。经过几次紧张的奋战,她们确实太劳累,便又倒下来睡着了。

◎ 老母殿

不知过了多久,她们突然被一阵巨大的怪叫声惊醒了,急忙睁眼一看,只见遍地洪水滔天,大片的森林树木被冲倒了,大部分房舍被淹没了,人们都变成了鱼虾海物,这时水借风力,风助水威,发出了阵阵怪叫声。原来由于天的一角塌下来,把地的一角也打坏了。她们补好了天,却忘记了补地。因此,地下的水便从这些塌陷的地方涌了上来,横冲着大地,水势越来越大。这时,有一条凶猛的黑龙跑出来,推波助澜,行凶作恶,趁着水势,吞食着人们。她们便与黑龙展开了搏斗,由水里一直打到天上,又由天上打到水里,后来女神派遣天兵天将才把黑龙降服了。之后,这匹勇敢的飞马,便在水里寻找剩下来的人,又一个一个驮到高处,给他们找来东西吃。接着她们又把炼石子剩下来的灰烬,一掬一掬地向着塌陷的地方填去。填呀，填呀，灰烬都用完了，而塌陷的地方却仍然没有填平。这可怎么办呢？她们就按照原来补天的办法，又从江河里拣来了五色石子，仍放在原来的地方炼了起来，又炼了七七四十九天，把石子都炼成了石浆，又照样一块块地擀成石饼，然后由飞马驮着，一片片地趁热补到地上。然而，这一次因为炼的石子少了，地仍然没有补好，水仍然不断地向上涌着。这时候大女儿情急之下，自己躺下去，化成一条长堤，才挡住了洪水，使得大地又恢复了平静。飞马还以为姐姐疲劳过度歇息了。不过，飞马也有些太累了，便也躺下歇息起来，很快就睡着了。女神知道女儿太疲劳了，也想让她多歇息一会儿，所以不愿意去叫醒她。谁知等飞马醒来以后，睁眼向四面一看，只见大地上山清水秀，花红柳绿，风和日丽，燕语莺鸣，一派美丽景象，便起了留恋之心，再也不愿意回到天宫里了，就一直躺在这里，凝神注视着大地，天长日久，就化成一座巍峨的大山。这匹飞马长得特别俊秀美丽，人们都很喜欢她，亲切地叫她"骊马"。从此，人们就把这座山叫做骊山了。在古代神话里，骊山是一匹青色的神马所变，而现在她正像在八百里秦川上溜圈回来的骏马，安逸而沉静。

众多的名山大川里，骊山是奇特的，它不是以山峻岭险而著

◎ 骊山秋景

名，也不是以与宗教千丝万缕的关系而成为人们的朝拜圣地，它只是一个历史舞台，让各种人物在此登台，它自然而真实地演出了一幕又一幕历史剧。悠悠岁月，骊山承载了多少沧桑历史和人文故事。

相传三千多年前，西周周幽王性情残暴，喜怒无常，终日沉湎酒色。朝廷里一些正直的大臣看不下去，其中有位名叫褒珦的大臣，直言苦谏幽王。然而，幽王不但不纳谏，反而把褒珦罢官，打入天牢。褒珦的儿子为救出父亲，在民间搜罗美女，献给幽王。这个被后世称为褒姒的美女进入幽王眼帘之时，褒珦一家的劫难过去，却把周朝推向另一个劫难中。

自褒姒入宫后，一直闷闷不乐，幽王“召乐工鸣钟击鼓”，令“宫人歌舞进觞”，却未见褒姒笑过一次，这事让幽王觉得遗憾不已。有一天，幽王问褒姒世上什么声音最好听。褒姒说：“这撕绸缎的声音倒是十分好听。”幽王当即下令，每天送一百匹绸缎进宫，叫宫女们撕给褒姒听。可是她仍然不笑。于是，幽王又下了一道圣旨，凡是宫内外，如果有人能使王后一笑者，可以赏其黄金千两。奸臣虢石父告诉幽王：“先王在世时，因南戎强盛，唯恐侵犯，因此在骊山设了二十多处烽火台，又置了数十架大鼓。一旦发现戎兵进犯，便放狼烟，烟火直上云霄，附近诸侯见了，就发兵来救。大王如果想让王后一笑，不妨带她去游骊山，夜点烽火，当众诸侯领兵赶来时，王后看到他们被骗，一定会发笑。”幽王听了，依计而行，立即准备了车马仪仗，与王后一起来骊山游玩。

当时有位叫郑伯友的大臣出来劝阻，可是幽王不听，并令人立即点燃烽火。附近诸侯看到烽火点燃，以为首都镐京有敌侵犯，纷纷领兵前往骊山行宫救驾，待其赶到骊山下却不见敌兵，只听到行宫内弹琴唱歌，幽王和褒姒正在饮酒作乐，见诸侯们都来了，轻描淡写地说：“大家辛苦了，今夜没有敌人入侵，仅仅是我和王妃放烟火玩闹呢，有劳各位了。”诸侯们得知被愚弄后，只好带了军马悻悻地离去。褒姒在高台阁楼上望见千军万马回撤的狼狈模样，不觉地笑出声来。

为了博得美人一笑，幽王又点燃了骊山烽火，诸侯们又被要笑戏弄了一番。这次玩笑开大了，使诸侯们对幽王彻底丧失了信心，之后不再去朝见他了。周幽王的所作所为不但得罪了诸侯们，也触怒了其岳父申侯。

公元前771年，申侯联合缯国、犬戎包围了镐京。幽王立即派人点燃烽火，可是诸侯们认为天子又在开玩笑，结果一个也不来救。周王室卫队毫无战斗力，一触即溃。幽王携褒姒及太子伯服仓皇逃跑，半路上被敌兵捉住。千金一笑的典故带给人们沉重的历史反思，后人常用来警醒统治者，也引申出了帝王重信守信的重要性。

◎ 烽火台

李隆基平定太平公主事变后，在骊山搞了一次非同寻常的军事检阅，当时叫做“讲武”。讲武一般是在冬季，因为这时一是处于农闲，二是冬天可锻炼士兵的意志。讲武由六部之一的兵部尚书负责。此次讲武并非一般的讲武，而是玄宗为巩固统治、夺取兵权的一次计谋。开元元年，玄宗刚继位不久，便征调20万大军，在骊山下举行了唐王朝历史上规模最大的阅兵活动，由他亲自检阅军队。长安士庶百姓奔走相告，前往观看，道路为之壅塞。

十月十三日，唐玄宗身穿戎服，手持大枪，立于三军阵前。亲自击鼓传令，正所谓“三军出入、号令如一”。然而，主持礼仪的兵部尚书郭元振却军容不整，唐玄宗勃然大怒，道：“兵部尚书郭元振治军无方，军容不整，队伍散乱，将他拖出辕门斩首。”此前，郭元振刚刚帮助玄宗平息了一场宫廷政变，使他坐稳帝位，实在是劳苦功高。随行的宰相张说等人跪在玄宗的马前进谏说：郭元振曾为大唐的江山社稷立下大功，不能杀。最后，郭元振虽免于一死，但被流放到广东。同时，唐玄宗下令将给事中、知礼仪事唐绍斩首，原因是他所制定的军礼不够严肃。其实，唐玄宗原本只是打算借此树立自己的声威，并没有杀死唐绍的意思，只是由于金吾卫将军李邈急忙宣布了将其斩首的命令，所以才弄假成真。人们都为唐绍之死痛惜不已，而归咎于李邈不识龙颜。事后不久，唐玄宗便罢免了李邈的职务，将他废弃终身。当时由于郭元振、唐绍这两位大臣都受惩处，各路军马大多震惊失措，队形凌乱，只有左军节度薛讷和朔方道大总管解琬二人所领军马岿然不动。唐玄宗派遣使者召见他们。然而，这些使者却无法进入薛讷和解琬二人的阵营。唐玄宗不禁对他们治军有方大加赞赏。

我们不难发现，这次骊山讲武是经过唐玄宗精心策划的。其一，玄宗刚继位需要确立对军队的绝对控制，这对巩固皇权也是非常重要的。其二，军队将领郭元振的潜在威胁解除了。俗话说，一朝天子一朝臣，郭元振毕竟是太上皇的心腹人，不是玄宗的嫡系，解除其军职，让玄宗觉得更有安全感。其三，对于新皇帝来说，驾驭功臣显得非常重要。玄宗采用杀一儆百的做法，想给那些功臣看看，以前的功绩没什么了不起的，只要不服从皇帝指令，照样格杀勿论。唐玄宗这一招可谓一举多得，不但威慑了朝中的反对势力，树立了个人威望，而且加强了对军队的控制，具有十分重要的政治意义。

中华上下五千年文化在骊山均留下烙印，古迹遗址星罗棋布，历史文化博大精深，离宫别苑皇家风范，地热温泉极具魅力。郦道元在《水经注》里说："骊山，山南产玉石，山北产黄金。"在山北，鸿门宴所在的鸿门坂，有"千古一帝"秦始皇的陵墓和世界第八大奇迹的秦始皇兵马俑。在北麓，还有一处最让人心动的地方，那就是唐玄宗和杨贵妃爱情传奇的华清池，"骊山云树郁苍苍，历尽周秦与汉唐。一脉温汤流日夜,几抔荒冢掩皇王。”郭沫若先生的诗恰到好处地向人们诉说着骊山的历史。其他文人将骊山色彩描绘得更艳丽。唐天宝十三年,诗人杜甫冒严寒徒步回家探亲,黎明时经过骊山脚下,耳闻目睹了华清宫的纵情歌舞,宴乐达旦。可当杜甫连日奔波,踏入家门时,看到的是家人在号啕大哭。原来,他未满周岁的儿子因缺粮被活活饿死。见此情景,杜甫痛不欲生,想到沿途的哀鸿遍野,华清宫的穷奢极欲,悲愤之余,挥泪写下“朱门酒肉臭,路有冻死骨”的名句。

相比之下,李白便幸运多了,唐玄宗对他的才华很赏识,礼遇隆重,请他陪侍左右。唐玄宗每有宴请或郊游,必命他侍从,利用其敏捷的诗才,赋诗纪实。他经常以翰林大学士的身份随驾华清宫,并承皇命,赋《清平调》赞誉贵妃,以捧场助兴。但是,李白有一个弱点,就是太相信自己的能力,总以为“天生我材必有用”。对于他认为仅是靠着谄媚邀宠才取悦于皇帝的高力士, 更是不屑一顾,所以才发生了他戏弄高力士的故事。

李白清平調三首

雲想衣裳花想容春風拂檻露華濃若非羣玉山頭見會嚮瑤臺月下逢一枝紅艷露凝香雲雨青山枉斷腸借問漢宮誰得似可憐飛燕倚新妝名花傾國兩相歡長得君王帶笑看解釋春風無限恨沉香亭北倚闌干

◎ 李白 《清平调三首》书影

据说有一次,渤海国使者进呈番书,文字异形奇体,满朝文武大臣,均不识得。唐玄宗大怒道:“堂堂的大唐天朝,人才济济,官员如此众多, 对一张番书, 竟无人能识其一字。不知书中说的是什么话,怎么回复? 难道不被小邦国耻笑吗?”当众位大臣皆冷汗淋漓之时,唐玄宗想到李白,即召入宫。没想到他不但认识番文,而且对答如流。玄宗非常高兴,立即命李白亦用番字,拟一份诏书。李白欲借机奚落高力士,乞请高力士为他脱靴。玄宗大笑允诺,遂传入高力士。不过,高力士一直是玄宗身边的红人,权势熏天,怎肯受此羞辱,只因玄宗有旨,不敢违抗,只好忍气吞声,遵旨而行。李白非常欣慰,遂草就回书,遣还番使。

高力士对此事一直耿耿于怀,但李白正受玄宗所宠,他不好直接在玄宗面前诋毁李白,继而转向杨贵妃。某日,高力士与杨贵妃谈及诗歌时,劝杨贵妃废去清平调。杨贵妃问:"李太白才华横溢,当世没有第二个人与他相比,为何将其诗废去?"高力士冷笑说:"他把飞燕比拟娘娘,试想飞燕当日,所为何事?如此敢援引前例比附您,这究竟是何意?"贵妃立时变脸。原来唐代妇女以丰满为美,贵妃亦不例外,而汉代妇女自皇后赵飞燕始,以纤瘦为美,汉成帝生怕大风把赵飞燕吹走,还专为她建了一座七宝避风台。唐玄宗曾戏语杨贵妃道:"像你这样不需要害怕大风,无论怎么吹,也无谓。"杨贵妃知玄宗有意讥嘲,未免介意。杨贵妃如此受高力士挑拨,认为李白作诗嘲讽自己体形偏胖,不由得记恨起李白来。

自此杨贵妃入侍玄宗,屡说李白纵酒狂歌,有失人臣礼节。唐玄宗虽极爱李白才华,无奈其为贵妃所厌恶,也只得与他疏远,不复召入宫中。后来,李白知道为高力士所打击报复,亦对奸相李林甫把持的朝廷失去信心,天宝三年,李白不得不恳求还归故里。这次他又浪迹四方去了。

在千年古道上,华清池不但因依附于骊山变得风韵流长,而且也因枕流于渭河变得灿烂多彩。因为华夏文明的人文始祖大多出现在渭河流域,渭河是华夏文明的主流和正源,是真正意义上的"母亲河"。渭河发源于甘肃省渭源县的鸟鼠山,是黄河最大的支流。相传,大禹当年在鸟鼠山用那把开启人类文明的铁锹,凿出泉水,引发了渭河,故沿线的人民又亲切地称它为"禹河"。渭河全长818公里,上游以及北岸泾河、洛河等支流,流经黄土高原，夹带大量泥沙，中、下游渠道纵横，自汉至唐，皆为关中漕运要道。《山海经·海内东经》："渭水出鸟鼠同穴山，东注河，入华阴北。"《水经注·渭水》："渭水出首阳县首阳山渭首亭南谷山，在鸟鼠山西北，此县有高城岭，岭上有城号渭源城，渭水出焉。"著名史学家顾颉刚先生考察渭水源头，写下："长流渭川水，溯到源头只一盅。"因其知名，千百年来，不少文人墨客围绕渭河留下了无数的赞誉之词，记录了渭河的辉煌。"晚来清渭上，疑似楚江边。鱼网依沙岸，人家傍水田。"这就是千百年前的渭河景象。

神奇的渭河哺育了伏羲女娲、养育了八百里秦川千千万万的华夏儿女。渭河流域是中华民族人文始祖轩辕黄帝和神农炎帝的起源地。《国语·晋语》载："昔少典娶于有蟜氏，生黄帝、炎帝。黄帝以姬水成，炎帝以姜水成。成而异德，故黄帝为姬，炎帝为姜。二帝用师以相济也，异德之故也。"这是我们目前所能看到的最早记载炎帝、黄帝诞生地的史料。古人还在此兴修水利，开创了较早的农业文明时代。先秦时期，水工郑国开凿了一条水渠，引泾水注入洛

◎ 渭河晚霞

河,全长125公里,灌溉面积280万亩。汉武帝又开白公渠,引泾水入渭。在此以前沿秦岭北麓还有从长安(今西安)引渭入黄的漕渠,既是水运航道,又有灌溉之利。后经历代扩建,渭河中下游渠道纵横,有泾惠渠、渭惠渠、洛惠渠等灌溉工程,是历史上著名的产粮区。毋庸置疑,渭河以自己的丰腴和富饶,孕育了古代中国的文明。

骊山与渭河深厚的历史文化底蕴,增添了华清池依山枕流的神秘色彩,留给后世人们无限的遐想空间。

三、鬼斧神工

华清池美轮美奂的奇山胜水,只有大自然的鬼斧神工才能铸造。据说,杨贵妃能长期集“三千宠爱在一身”,唐玄宗六七十岁仍风流倜傥,均与长期泡汤沐浴大有关系。那么,华清池都有哪些自然特点和功效呢?

华清池共4处泉源,现有的圆形水池半径约1米,水清见底,蒸汽徐升,脚下暗道潺潺有声,温泉出水量每小时达112吨,水无色透明,水温常年稳定在43℃左右。华清池泉水来自地下的“常温层”,水质纯净,细腻柔滑,数千年来,与日月同流,不盈不虚。经科学检测,骊山温泉水质属低矿化、弱碱性、中等放射性泉水(放射量在中等以下的泉水对人体有特殊的疗效),故又称硅水、氟水和放射性氡水。这些均达到了医疗用水的标准,故有“自然之经方,天地之元医”的美称。

北周王褒《温汤碑》是这样叙述骊山温泉特效的:“原夫二仪开辟,雷风以之通响,五材运行,水火因而并用,炎上作苦,既丽纯阳之德,润下作咸,且协凝阴之度,至于迁陵热溪,沉鱼涌浪,炎洲烧地,穴鼠含烟,火井飞泉,垂天远扇,焦源沸水,冲流迸集,甘川浴日，跳波迈椒丘之野，汤谷扬涛，激水疾龙门之箭，故以地伏流黄，神泉愈疾云云。"说明骊山温泉富含大量矿物元素，对人体的皮肤病、风湿病、关节炎有很好的疗效。日本温泉专家高屋正认为："骊山温泉是特别具有放射能的温泉，这种放射能对于疾病的治疗效果是非常显著的"。骊山温泉水中含有的硫酸根离子及钙、镁、钠离子和硫黄、石灰石等矿物质，具有消炎、止痛的作用，能使人的皮肤洁白、光滑细腻，美容效果十分理想。我们不难想象，当年杨贵妃之所以对临潼华清池流连忘返，与温泉水促进她的肌肤再生，使之滑腻光洁，让她长期获得唐玄宗宠爱也不无关系。

宋人李复的《温泉行》更是全面描写了骊山温泉的神奇和特点，把温泉治疗疾病、造福于民的特点写了出来，可谓真切自如。

骊山鸿蒙凝白烟，山根阴火煮玉泉。
阴灵炎炎燃礜石，石焰不灭何千年。
珠阁缥缈飞凤来，素衣仙人坐高台。
台前香引流水出，白玉莲花九叶开。
泓渟分去浮轻碧，中有纯阳无限力。
四时独不放春归，散向人间消百疾。

民间说在华清池洗浴后"冬走十里不凉，夏走十里不热"，可谓先知之明。温泉神奇的功效也赢得帝王们的喜爱，华清池在历史上一直供帝王专门享用。汉代张衡的《温泉赋》、北魏元苌的《温泉颂》、唐太宗李世民的《温泉铭》等都对温泉沐浴能医病疗疾方面作了记述。华清池温泉也因此而闻名天下，为世人所向往，成为与古罗马卡瑞卡拉浴场和英国的巴斯温泉齐名的"东方神泉"。

此外，华清池的魅力离不开与之相匹配的骊山景色。如果没有绿叶相映红花，华清池也就会失去鬼斧神工的景色。骊山景色没有让人们失望，这里的鸡上架景点，是从东绣岭通往西绣岭的一段险道。游人到此，手足并用，盘旋而上，如同鸡上架一样，故而得名。如果说鸡上架较为艰险，那么"舍身崖"这个名字听起来更让人毛骨悚然。在东侧山谷中，有一座孤立的山峰，顶部为平台，寸草不生。山峰四周峻峭，犹如刀削一般。其上刻有“舍身崖”三字。清人周灿《游骊山东绣岭记》云：“敬虚和尚易其名曰护生崖。” 对于喜欢大自然造化的人们来说，秤锤石是最好不过的一个景点。从石瓮谷遇仙桥下行的途中，有一块状如秤锤的大石头。千百年来，无论遇到怎样的大洪水，它都稳稳地站在谷底，岿然不动。传说此石为“二郎神杨戬”称骊山的秤锤，故称之“骊山秤锤石”。同样，饮鹿槽也是大自然造化的产物，位于今朝元阁西一片平地上，相传为唐时驯鹿饮水的地方。老子的坐骑是长生鹿，按此说，或为当年老君饮鹿的石槽，或为后人附会传说所造。《津阳门诗》有“长生鹿瘦铜牌重”“饮鹿泉边春露”句。

◎ 舍身崖

如果这些景点无法令人们重新回到历史记忆，那么金沙洞、牡丹沟、翠荫亭会让你想到曾经发生过的事情。金沙洞是唐玄宗和杨玉环在骊山的一个秘宫，俗称幽洞，是他们避开众人幽会的一个山洞。明英宗正统年间，书生刘瑞五等人探奇冒险，从而揭开了金沙洞的秘密。他们看到一块青玉石屏上有文字，用火把照而读之，其略云：“朕与妃子每遇盛暑，避热此间，共享洞天之福，于兹五年矣。风流潇洒，不管神仙，汉武白云乡，遂非所羡。但恐千秋万岁后，罕有知吾两人相得之欢者，爰命良工置石像于内，以流传不朽，间与妃子流览其中，不禁相视而笑，几忘其身之匪石也。”末署“天宝十年秋七月御笔”。这时大家才明白为唐玄宗所书。他们来到石屏后面，则看到另一番景象：大可数十楹，中置宝座，仅虚位，尚无他奇。左为晓妆阁，一石美人挽发对镜，倦态堪怜。旁边有两个宫娥，一个捧匜器，侧立而欲前，一个替贵妃捧发，跪而持之，容甚恭谨。贵妃的头微回，似乎有话要说，眉目都是有人所画。贵

◎ 金沙洞

妃后面站立着一个人，是气度不凡的唐玄宗。他们的情形态度，宛然相亲。在其右边为浴池，以绿玉为水波，纹荡漾如活。他们旁边站立二人，执巾捧帨，眉睫间微含笑意。唐玄宗与贵妃皆以白玉为体，玄宗自身游戏水中，仅没其脐，下坐而侧首，以目招贵妃样子，似乎想要说话而以笑掩饰。贵妃坐在小石床，也赤裸其上衣，酥乳轻圆，麝脐微露，无不历历可见。然而黛低云昂，容如腼腆，且以纤手扪绣带，似欲解而不胜其羞者。由裳而下，双弯则已尽赤矣。这一组沐浴石像，是唐玄宗命良工雕刻的，目的是“以流传不朽”，好让后人知道他与杨贵妃洗的风流鸳鸯浴。据说明天启末年，雷震石洞，乱石嵯峨，掩埋了一切，再也没有人知道这组沐浴石像的下落了。

◎ 华清池的牡丹

从饮鹿槽向西，即是一条深沟大壑，当地人叫牡丹沟。沟中有泉，名曰“美泉”。据说，用这股美泉浇灌的牡丹，花色特别娇艳。唐玄宗喜欢牡丹，他曾在沟里开辟牡丹园，由当时精通园艺的花师宋单父培植。据《花经》记载：“种花万本，色样各殊。”虽然翠荫亭没有金沙洞、牡丹沟这么神秘、幽雅，但是它也留下历史记忆。宋代李埏有绝句赞誉："一别骊山岁已深，林花依旧绣岭岑。归寻当日新开路，隐约苔痕下翠荫"。

华清池融自然景观和人文景观为一体，给人一种无限温柔的感觉。它有着秀美的自然风光，丰饶的草地，绿发似的树木。当它披着薄薄云纱的时候，像少女般含羞；当它被阳光照得非常明朗的时候，像年轻母亲饱满的胸膛。人们会同时用两种甜蜜的感情交织着去爱它，既像婴儿喜爱母亲的怀抱，又像男子依偎自己的恋人。它可以使你的心念，在顷刻间跨过从天地炎黄、宇宙洪荒到物阜民丰、繁荣昌盛的漫长历程，感悟到人类发展的力量。

四、华清遗事

华清池犹如一位养在深闺的美女，天生丽质，温柔多情，她用清纯的身姿舒展着青春的热情，用温热的怀抱接纳人们的好奇，用曼妙的温情激荡人们的无限遐想。华清池以其独特的魅力吸引着许多帝王在此设行辕或行宫，休养身心，处理政务，因此经常成为影响国家事务的重要活动地。华清池因众多帝王的沐浴游幸走向繁荣，帝王将相的传奇也因此而千古流芳。

唐代时期，洗浴温泉是一种非常流行的时尚，尤其是当时的帝王、权贵、文人雅士、僧侣富豪等，对于温泉洗浴更是情有独钟。都城近郊的骊山温泉，自然成为唐朝皇室沐浴的首选之地。史书记载，唐高祖武德六年（公元 623 年）二月，李渊曾带领文武重臣来骊山校猎，沐浴温泉。

公元 644 年，华清池迎来了一位特殊的主人，他就是开创了"贞观之治"的唐太宗李世民。在皇位争夺过程中，李世民发动了一场宫廷政变，残忍地杀害了手足兄弟（太子李建成和齐王李元吉),逼迫父亲李渊退位,自己君临天下。即位后,唐太宗广揽人才,励精图治,出现了“贞观之治”的盛世局面。随着国力的迅速发展,唐太宗的奢侈欲望也与日俱增。贞观十八年,唐太宗选定在骊山九龙池附近为其建造一座行宫,由左屯卫大将军姜行本监工修建。不久,从全国征调的几百名能工巧匠和众多的民工役夫都云集骊山,搭彩鸣炮后开始动工。

半年后,华清池的行宫基本建成,姜行本立即禀报,让皇上亲临检验。唐太宗率朝臣进入飞霜殿后,见殿宇美观宏伟,正要称赞姜行本办事得力时,突然殿宇抖动,灰土刷刷地直往下落。朝臣纷纷争相逃命,太宗也大吃一惊。恰好姜行本沉着冷静,赶紧上前搀扶太宗到安全地方躲避。唐太宗甚为恼火,便追问起姜行本殿宇抖动的原因。姜行本随机应变,杜撰了一个神话。他装模作样地忽悠起唐太宗来,说这里原是上古神龙盘住过的地方,当朝修建行宫,冲撞了它,人们常说,“龙摆尾,天地动”,这大殿摇动,定是神龙摆尾。“有什么好方法可以补救呢?”太宗急切地问。姜行本说:“这要找一位通天地的阴阳先生问一下。”于是,太宗命姜行本请来一位阴阳先生。阴阳先生说:“九龙池乃是神龙重卧之地,我主今朝修建行宫,宫殿都建在神龙爪上,又因殿宇分量不够,压不住神龙。皇上如果能命人在殿台上加些重物,诸如石刻之类,便会降伏神龙。”太宗命姜行本赶紧招募神通广大的石匠,限定三日之内,在飞霜殿的四周雕凿出四只大花盆,并在殿前雕塑一对石狮子。这个命令是十分严厉的:如果有人三天之内雕成,就可以得到赏银百两;如若雕不成,定斩不赦。

当飞霜殿雕塑的榜文发出后,满城石匠没有一个前来应募,这可把姜行本急坏了。于是,他又在榜文上写下了一句:“如果有人两日雕成,就可以得到加倍赏银”。仍然没人前往揽下这工作。又过了一天,九龙宫落成之日即将来到。姜行本怕皇上降罪,坐立不安，便下令把全城会雕刻石头的工匠全都叫来，勒令他们一夜之间雕成一对石狮子和四个石花盆。如果在天亮前不能完工，他们都要被处死。

谁也不可能一夜间做完这项工作，即使人手再多也用不上，根本难以完成。于是，大家商量，反正是一死，不如干脆别干了，待天亮等死罢了。因此，大家便在飞霜殿前就地点起一堆篝火，围着取暖。这时有人开始处理自己的后事，把遗嘱写在那红漆柱子或刻在石条上。

人们常说，车到山前必有路。也许事巧，到了半夜不知从何处来了一个乞丐，也来此取暖烤火。石匠们劝他赶紧离开这是非之地，并对他说，天亮之后凡在此的工匠都要被处死。乞丐问起缘由，有一位老石匠就把事情的经过给他说了一遍。因为工程难以完成，大家都做不了，只有等待处死。乞丐看了看这里的石坯毛料，对大家说："我倒有个主意，大家与其在这里等死，不如现在分头做，一人做一个部位，等到天亮前一定会做成。"大家觉得非常有道理，就齐心合力，把石条打成小块，每人拿一块，按照乞丐所说的，有的给石狮子刻眼，有的刻牙，有的刻爪，有的刻尾巴，有的刻舌头，有的刻耳朵。大家就这样干到四更天，四个花盆分别做成，两个狮子的各个部位也做好了。老石匠召集大家，把这些石刻部位和零件，全拿到乞丐跟前，试着说："大家想看你怎样把它合成一对石狮子呢？"乞丐见大家把小石件全刻好了，便说："大伙都干了大半夜，现在离天亮还有半个时辰，你们都去睡觉，好好歇歇，剩下的事情由我来料理，大伙尽管放心，天亮之前肯定能完成这活儿。"经过大半夜的忙活，大家也确实累极了，都倒在火堆旁边睡着了。

到了第二天清晨，一对石狮子居然真的威风凛凛地蹲在宏伟的飞霜殿前，还有四个大石花盆也被贴上了二龙戏珠的凸花图案。老石匠仔细一看，发现原来石狮子是用鱼鳔粘在一块的，便知半夜来救大家的乞丐，就是鲁班师傅。因为相传只有鲁班会吐唾沫粘物。从此，鲁班师傅也成了石匠行里的尊神。

这天，唐太宗与大臣们在九龙宫举行了落成典礼，鼓乐齐鸣，礼炮震天。之后，他在满朝文武百官的簇拥下，又来到了飞霜殿前，看见这些工艺精巧的石刻，非常高兴。姜行本又当众向石匠们发了百两赏银。然而，他并未履行先前榜文中的话，石匠们都非常生气。这时，有位老石匠提醒姜行本："您看，雄狮发怒了，觉得皇上欺人，要咬您呢！"恰好，姜行本的脑袋正靠在西边的那只石狮子嘴前，那狮子正张开大口要咬姜行本。姜行本心中有鬼，扭头一看大惊，急忙拔出宝剑一挥，把一只雄狮的舌头和牙砍掉了。从此，西边摆放的那尊石狮子就没有舌头了。

继唐太宗游幸华清池之后，景龙三年(公元709年)十二月唐中宗李显也率文武大臣，一路上旌旗招展，浩浩荡荡地驾临温泉宫。上官婉儿献诗三首，描述了唐王室"万乘观风出灞川"沐浴温泉的情景：

◎ 杨贵妃像

三冬季月景龙年，万乘观风出灞川。
遥看电跃龙为马，回瞩霜原玉作田。

鸾旗掣曳拂空回，羽骑骖驔蹑景来。
隐隐骊山云外耸，迢迢御帐日边开。

翠幕珠帏敞月营，金罍玉斝泛兰英。
岁岁年年常扈跸，长长久久乐升平。

我们不禁要问：为什么一位弱女子有资格随驾温泉宫，而且周旋于大唐高层权力周围？这究竟是个有着怎样经历的女人呢？

上官婉儿又称上官昭容，陕州陕县(今属河南三门峡)人。祖父上官仪是唐太宗时代的名臣,因替唐高宗起草废武则天的诏书被杀,株连家族。上官婉儿随母亲郑氏做了朝廷“官奴”。虽说她们侥幸保全性命,可是处境极为低贱。但是上官婉儿太聪明了,一点就透。她刚四五岁时,就能作漂亮的诗词。在《旧唐书》中讲了一个“称量天下”的故事:母亲郑氏怀孕期间,梦见一名巨人送来一杆秤,嘱咐说:“持此,称量天下!”除了神人指点,谁有如此大的口气!话又说回来,如果能够称量天下,岂不就是皇帝身边的重要人物。在男权社会里,只有生儿子才能有如此仕途。结果生下的是一个女孩,做梦之事只能当姑妄一笑了。

婉儿 14 岁时,已出落得妖冶艳丽,加上天生聪秀,文采过人。也许造化弄人,武则天给了上官家族一个翻身的机会。仪凤二年,上官婉儿被武则天召见,当场命题著文。上官婉儿文不加点,一气呵成,尤其她的书法秀媚,格仿簪花。武则天看后非常高兴,当即下令免其奴婢身份,让她掌管宫中诏命。此后,武则天所下诏书,多出自上官婉儿之手。从此,她涉足政坛,一步一步接近了朝廷的权力核心。

俗话说“智者千虑,必有一失”,何况对于政治新手,总有失误的时候。上官婉儿也需要宦海沉浮,不断历练。据说有一次,上官婉儿与武则天的男宠张昌宗私相调谑,武则天看见,拔取金刀,插入上官婉儿前髻,伤及左额,且大怒道:“你胆敢接近我的男宠,应该处死。”幸亏张昌宗替她求情,才得以赦免,实际则是武则天碍着内心根深蒂固的“爱才癖”才赦免了她。婉儿因额有伤痕,便在伤疤处刺了一朵红色梅花以遮掩,谁知却愈加娇媚。虽说,额头不完美了,上官婉儿依旧是光彩照人的美人。宫女们皆以为美,有人偷偷以胭脂在前额点红效仿,渐渐地宫中便有了这种红梅妆。

美貌毕竟只是一种有形的手段,上官婉儿还有一种在宫廷内生存的杀手锏:善于在大唐权力高层周旋。她精心侍奉,曲意迎合，博得武则天欢心。后来，唐中宗复位，又命婉儿专掌起草诏令。即使有中宗作为政治靠山，她仍觉不稳固，便在韦后身上押宝。而韦后则一心想学武则天，勾结女儿安乐公主，把持朝政。中宗对她们的行为不但不限制，而且尽量满足其要求。李显早年曾遭贬弃，降为庐陵王，赶至房州(今湖北房县)。在房州岁月，李显总是提着心过日子的，他惧怕母亲武则天，不知何时就会赐死他。所以，每当朝廷派使者前来时，他都认为是自己的末日到了。

李显的妻子韦氏却有见识、有胆量，常安慰李显说："祸与福是互相依存，非人所料，与其就这么死了，不如等待时日。"李显受到鼓励，感激地许下诺言说："如果能有朝重见天日，当对你不加任何禁忌，任凭你所为。"当时他们夫妇感情很好，为活下去而相濡以沫。他们在房州生儿育女，尤其是生下了酿成中宗悲剧的女儿安乐公主。据说，李显非常宠爱此女，常常脱下自己的衣服裹抱，又称"裹儿"。唐中宗李显早期的坎坷经历对其后来的政治行为影响颇大。

当然，权力诱惑不只是男人所欲，女人也如此。只要她们成为权势人物，就不乏投机钻营的人巴结，对于上官婉儿来说也不例外，她的石榴裙下也有不少倾慕者。于是，婉儿选择了兵部侍郎崔湜做男宠，与崔湜日日缠绵。崔湜的弟兄也个个都生得眉清目秀，面如冠玉，他逐个引进宫。上官婉儿见了如此多美貌少年，一时宠爱不过来。从此，上官婉儿行走坐卧，无时无刻都有这群崔家兄弟陪伴在一旁。上官婉儿常在宫中设宴，他们陪着饮酒说笑，行令赋诗。

毫无疑问，上官婉儿是当时最聪慧的才女之一。关于她的聪慧，可以说是尽人皆知。上官婉儿曾经怂恿唐中宗设立修文馆，大召天下诗文才子，邀请朝中善诗文的大臣入修文馆。最著名的一次是在景龙三年(公元709年)正月，在昆明池举行赛诗会。时值早春时节，唐中宗在昆明池玩得高兴，亲自赋诗一首，让群臣唱和。他们也是踊跃参加，都希望给皇帝留下个好印象，以便受重用。不久,参赛交稿的有 100 多人。唐中宗让上官婉儿做评委,重赏第一名。只见婉儿坐在高高的彩楼上,拿着各地诗人的稿子,一边看一边扔下淘汰的。一时,诗稿像雪花一般纷纷飘落,最后只剩下两个人,恰恰是名噪天下的宋之问和沈佺期,两人在诗坛长期难分高下,故称"沈宋"。眼看着老对手又登台打擂,大臣们简直就像如今人们看"星光大道"节目一样紧张,毕竟是鹿死谁手的决赛。这时,沈佺期悄悄对宋之问说,咱俩就以今天这首诗决分高下,以后不必再争了。正说着,又一张诗稿飘然而下。众人一看,原来是沈佺期的,他被淘汰了。为什么上官婉儿会扬宋贬沈呢?她评价道:"二诗文笔相当,但沈诗结句'微臣雕朽质,差睹豫章才'辞气已竭,而宋诗结句'不愁明月尽,自有夜珠来'陡然健举,若飞鸟奋翼直上,气势犹在。"经她一说,在场的所有人都心服口服。

行走政治舞台多年,上官婉儿变成一个没有任何政治节操和政治立场的人。当唐中宗被韦后与安乐公主毒死后,临淄王李隆基率御林将士冲入宫中,杀韦后及其党羽。婉儿是个聪明人,带着宫人,秉烛出迎,求免其一死。但李隆基却说:"杀。"一代才女上官婉儿就这样"香消玉殒"了。

上官婉儿的一生可谓是坎坷传奇。虽然没有宰相之名,却有宰相之实。虽然命运总是捉弄人,幸好上官婉儿传有佳文。这就是李隆基找到的救赎之路, 供他完成艰辛的良心与道德的自我完善。这也是上官婉儿之于盛唐文化的意义,是古往今来的史学家们为什么总是将上官婉儿与男人的关系轻描淡写, 一笔带过,却不遗余力地突出着她的贵族出身和在诗词中所表现出的非凡才华的原因。她不仅仅是女人,是女官,是嫔妃,更是一个地地道道的文人。以上官婉儿为代表的宫廷文化,在某种意义上,正是盛唐文化的一种展现。

盛唐文化下的华清池仍然以唐玄宗与杨贵妃的爱情罗曼史

而著称。唐玄宗在此大修华清池，极尽奢侈靡浮之能事。唐代诗人白居易所说的“春寒赐浴华清池，温泉水滑洗凝脂。侍儿扶起娇无力，始是新承恩泽时”就是发生在此的故事。杨贵妃是个纯美的女人，古人用“国色天香”赞誉她不无道理。玄宗不但爱她的花容月貌，而且喜欢她的娇柔舞姿，所以玄宗沉湎其中而不能自拔。如若没有这温泉，也就没有骊山脚下的华清池，没有华清池，皇帝自然不会赶到离京城60里处的地方与爱妃共浴行欢。有了这华清池，加上规模宏大的梨园队伍，皇上每天有美女、美酒相陪，还有歌舞相伴，于是什么政事就都无心过问，以至“从此君王不早朝”。

杨贵妃爱赏榴花，爱吃石榴，特别爱穿绣满石榴花的彩裙。唐玄宗投其所好，在华清池西绣岭、王母祠等地广泛栽种石榴，每当石榴花竞放之际，这位风流天子即设酒宴于“炽红火热”的石榴花丛中。杨贵妃饮酒后，双腮绯红，唐玄宗爱欣赏宠妃的妩媚醉态，常将贵妃被酒染之粉颈红云与石榴花相比，问谁红得艳丽，“贵妃醉酒”描绘的就是她的娇人醉态。因唐玄宗宠爱杨贵妃，荒理朝政，大臣们不敢指责皇上，故迁怒于杨贵妃，对其拒不行礼。关于向谁行礼，是古代社会的一个重要礼仪，能够体现一个人的社会地位。因此，杨贵妃非常生气，暗想借机报复一下他们。有一天，唐玄宗设宴召群臣共饮，并邀杨贵妃献舞助兴。可她端起酒杯送到玄宗唇边，向皇上耳语道：“这些臣子大多对臣妾侧目而视，不行礼，不恭敬，我不愿为他们献舞。”唐玄宗闻之，感到宠妃受了委屈，立即下令，所有文官武将，见了贵妃一律行礼，拒不跪拜者，以欺君之罪严惩。众臣无奈，凡见到杨玉环身着石榴裙走来，无不纷纷下跪使礼。于是“拜倒在石榴裙下”的典故流传千年，至今成了崇拜女性的俗语。

五、天恩同沐

大唐，世人所公认的中国封建社会强盛达到顶峰的朝代之一。大唐的国势之强盛、气象之恢弘，足以令每一个中国人自豪和怀念。今天，当我们重温大唐这段让我们激情澎湃的历史时，可能不会想到，我们的先祖们为了开创这太平盛世的基业，曾经怎样殚精竭虑地奋斗过，甚至是进行殊死的政治搏击！尤其不能忘记那些为了大唐帝国的强盛立下功业的政治家们！

当时，大唐帝国不但拥有世界上最繁华的城市——长安，而且还兴建了行都性质的骊山温泉行宫。天宝六年(公元 747 年)，唐玄宗改温泉宫为华清宫，同时下令大兴土木，修造亭台殿阁，布设园林美景。此时华清宫的豪华与宏大，通过罗城(即宫城)可见一斑，华清宫重要的建筑都布设在这里，该城分设四门，以南北门相对为中轴线，宫墙内以墙相隔为三个区，东区有瑶光楼、飞霜殿、九龙殿和梨园，在梨园里，唐玄宗与杨贵妃教习梨园弟子演练。中区有前殿、后殿、太子汤、少阳汤和尚食汤等。北门外有观凤楼、重明阁、斗鸡殿、按歌台和王母祠等建筑。再外布置有寺观，再

◎ 华清池

东布置有球场、舞马台和斗鸡场等游乐设施。此时的华清宫占地已达1300余亩,可见它的豪华非同一般。

唐玄宗之所以有财力扩建华清宫,是建立在开元盛世基础上的。这时期政治比较清明,唐玄宗任用贤能,经济迅速发展,提倡文教,称得上天下之治。故而华清宫也成为帝国强盛的见证,前期唐玄宗经常率领文武大臣驾幸温泉沐浴。随驾的不乏当时名震朝野的人物,其中有姚崇、宋璟等贤相。唐人李涉在诗中提到当时唐玄宗率随驾人员沐浴温泉的情景:

能使时平四十春,开元圣主得贤臣。
当时姚宋并燕许,尽是骊山从驾人。

诗歌极力赞美了唐玄宗与贤臣开创的盛世情景,尤其是指出"姚宋"(即姚崇、宋璟)等人,都是去骊山温泉的随驾人员。从诗中我们也可以看到,当时君臣同乐,沐浴功业盛景,体现帝王赐大臣,君臣同沐的欢景,显然带有溢美之词。盛世的出现,不仅要有明君,而且还要有能臣,特别像姚崇、宋璟等人均为开元盛世立下了汗马功劳。

据说,正当唐玄宗励精图治时,河南发生了一次特大蝗灾。在广阔的中原大地上,到处出现成群的飞蝗。当蝗群飞过时,黑压压的一大片,连太阳都被遮没了。蝗群落到哪里,哪里的庄稼就被啃得精光。当时,人们缺乏相应的科学知识,认为蝗灾是上天降给人们的灾祸。再加上有些人蓄意宣传迷信,于是,各地为了消灾求福,都烧香求神。眼看庄稼被蝗虫糟蹋得这样惨,人们拿它却没有办法。

中原灾情越来越严重,受灾的区域也越来越大,地方官吏不得不向朝廷告急。宰相姚崇向唐玄宗上了一道奏章,认为蝗虫不过是一种害虫,可以治的。只要各地官民齐心协力驱蝗,蝗灾是可以扑灭的。唐玄宗立刻批准了姚崇奏章。当时,汴州(今河南开封)刺史倪若水拒不执行。他也写了一道奏章,说蝗虫是天灾,人力是没法抗拒的，要消除蝗灾，只有积德修行。

姚崇看到倪若水的奏章，十分恼火，写信严厉责备他说，如果眼看蝗灾流行，不采取救灾灭蝗措施，将来造成饥荒，要他负责。刺史倪若水看宰相话说得很强硬，不敢不依。于是，他发动各地官民灭蝗，果然奏效。仅汴州就扑灭了蝗虫十四万担，灾情缓和下来。

但是在朝廷里还有一批官员，认为姚崇灭蝗的办法愚蠢，如果现在这样冒冒失失推行，恐怕闹出乱子来。唐玄宗听到反对的人多，也有点动摇起来。他又找姚崇来问，姚崇从容不迫地回答说："做事只要合乎道理，就不能讲老规矩。再说历史上大蝗灾的年头，都因为没有很好地扑灭，造成严重灾荒。现在河南、河北，存积的粮食不多，如果今年因为蝗灾而没收获，将来百姓没粮吃，流离失所，那么国家就危险了。"

唐玄宗一听蝗灾不除，要威胁国家安全，也害怕起来。姚崇紧接着说："大臣们说我的办法不好，陛下也有顾虑。我看这事陛下且别管，由我来处理。万一出了乱子，我愿意受革职处分。"最后，唐玄宗勉强同意了。由于姚崇考虑到国家安全、百姓生活，不顾许多人反对，坚决灭蝗，各地的蝗灾终于平息下来。

唐玄宗在他即位以后的前二十多年里，除了姚崇以外，还任用过的贤相有宋璟、张说、韩休、张九龄等。开元时贤相张说曾在《东山记》里面记载了皇帝赏赐随幸温泉，君臣同欢，互相唱和的情景，对帝王感恩之情，无不溢于言表。其《奉和圣制温泉言志应制》诗云：

温谷媚新丰，骊山横半空。汤池薰水殿，翠木暖烟宫。

起疾逾仙药，无私合圣功。始知尧舜德，心与万人同。

玄宗对这种君臣同沐极为欢愉，并将其延伸到与天下之人共享盛世的志向。

除了大臣互相唱和外，华清池也有不少穷酸文人拍马吹捧之

◎ 九龙汤

词。如天宝初，唐玄宗驾幸华清宫，有个叫刘朝霞的文人写了篇拍马屁的文章，名《驾幸温泉赋》，却写得十分恢谐，郑綮录其文云："若夫天宝二年，十月后兮腊月前，辨有司兮之供具，命驾幸于温泉。天门乾开，露神仙之辐辏；銮舆划出，驱甲仗以骄阗。青一队兮黄一队，熊踏胸兮豹拿背；朱一团兮绣一团，玉镂珂兮金镂鞍。述德曰：直攫得盘古髓，掐得女娲瓤，遮莫你古时千帝，岂如我今日三郎。自叙云：别有穷奇蹭蹬，失路猖狂，骨董虽短，伎艺能长。梦里几回富贵，觉来依旧凄惶。今日是千年一遇，叩头莫五角六张。"刘朝霞此赋词调倜傥，杂以徘谐，他也称皇上为"三郎"。唐玄宗看了认为是奇文，准备加以赏赐，命刘朝霞改去"五角六张"四字。谁知刘朝霞不买皇上的账，上奏说："臣草此赋时，有神助，自谓文不加点，笔不停辍，不愿从皇上而改。"面对这个敢于抗旨不遵的文人，唐玄宗打量他一番，居然龙颜未怒，说了一句"真穷薄人也"，只授以宫卫佐一官就到顶了。刘朝霞这种拍马屁的文章可谓写得别具一格，又不失酸文人的执著。

◎ 贵妃池

无论是从史书记载，还是考古发掘均可发现华清池君臣同沐的布局。华清池分为九龙汤和芙蓉池，九龙汤专供皇帝御洗，芙蓉池专供杨贵妃沐浴，后来亦称为"贵妃池"，并设有专人管理，《旧唐书·职官志三》云："温泉监掌汤池官禁之事"，这温泉监一官就是专门负责皇家汤池事务的专职官员。此外，五代王仁裕《开元天宝遗事·长汤十六所》记载：

“华清宫中除供奉两汤外，而别更有长汤十六所，嫔御之类浴焉。”清人史梦兰《全史宫词》亦云：“雨过华清树影凉，风来前殿玉龟香。至尊浴罢金舆出，嫔御分寻十六汤。”可见当时华清宫内温泉浴所之多。从客观上讲，帝王无法一人独享这么多温泉，正好是与臣子共浴，以显皇恩浩荡。无论是前期的姚崇、宋璟、张说等贤人，还是后来李林甫、杨国忠、安禄山等奸人，均体现出帝王之术的高明，但是这种手段有时是一种祸国之术。如果对于贤明帝王，他们运用君臣同沐，可以体现出天恩同沐的乐趣，有利于国泰民安；反之，则走向骄奢淫逸、国破自忘的局面。诚如华清池之所以能成为最佳代表，是它见证了唐玄宗如何开创了开元盛世，又是如何酿成了安史之乱。

六、绝世爱恋

唐玄宗因杨贵妃而沐浴华清池流连忘返，荒废政事，导致李唐王朝由盛转衰，但是他们在此的绝世爱恋，却因白居易《长恨

◎ 在华清池有两棵唐玄宗和杨玉环亲手种下的连理枝

歌》而流芳千古。此后一千多年的封建社会,包括道德家们,都少有人论及这一对翁媳的乱伦之恋,反而对杨贵妃的成功与不幸、唐玄宗的痴情与专一表达出同情与认可,让人对华清池更产生了谜一样的想象与神往。

世传杨贵妃之所以让唐玄宗宠爱有加,与其美容养颜之术是分不开的。据说杨玉环虽然貌美倾国,但有腋臭的缺陷,这让她万分苦恼。为了掩饰腋下的臭味,她每天都让宫女到花园采鲜花,挤出花汁抹在腋下消抵腋臭,用花瓣洒在华清池水中沐浴。这招还真灵,一段时间后,杨贵妃皮肤变白变嫩,而且身上飘出淡淡的花香,让唐玄宗骨酥心荡,意乱神迷,他已经离不开杨贵妃了。平日里唐玄宗对杨贵妃更是宠爱得不得了。

还有说法,杨贵妃沐浴华清池采取了一种美容养颜之术。所谓沐浴秘术,以防风、荆介、当归、羌活、皂角、香日草、藿香、白芷、蒿本、川芎、甘松、水红花、茉莉花、丹桂花等各种成分,捣成粉末煎汤,掺入华清池水中沐浴,可清除各种难闻的气味,并且一日之内其香不散,更重要的是可使皮肤变得滑润细腻。沐浴之后,杨贵妃还在全身涂上一种特制的润体膏,使用之后遍体愈加显得嫩滑香润,身软如绵,引方用人乳、象精、白密、藕术等熬制成膏,世称杨贵妃润体膏。

杨贵妃的受宠与其艺术才华是分不开的,她是很有天分的舞蹈家、音乐家,不但能唱、能舞,还能作诗、填词、谱曲,她的乐器演奏技巧甚至超过一些宫中乐师。唐玄宗也精通音律,自己经常亲自演奏乐曲,两人在艺术志趣上情投意合,堪称美眷。玄宗对后宫人说:“朕得杨贵妃,如得至宝也”,足见宠幸之隆。礼仪皆如皇后,真是“后宫佳丽三千人,三千宠爱在一身”。

夫妻呆的时间久了,也有不愉快之时。有一次,杨贵妃恃宠骄纵,得罪了玄宗,被玄宗遣归娘家。可是,她出宫后,玄宗饮食不进,高力士只得又把她接回来。

公元750年，贵妃偷了二十五郎邠的紫玉笛，独吹自娱，事发后，以忤旨又被送出宫外。贵妃出宫后，剪下一绺青丝，托宦官张韬光带给玄宗，玄宗大为震惊，又令高力士把她召回。杨贵妃知道玄宗没有她，便寝食不安，更为骄纵，杨家“出入禁门不问，京师长吏为之侧目”。时人有“生女勿悲酸，生男勿喜欢”之谣。当杨贵妃36岁生日时，唐玄宗为她举行了盛大的宴会祝寿，满朝文武百官都呼娘娘千岁万福。杨贵妃庆祝最后一次生日，就是在华清宫。玄宗令梨园置乐，于长生殿奏新曲，未有曲名，适广东南海进荔枝到，遂以“荔枝香”为曲名。当然，这与杨贵妃好食荔枝有关。唐玄宗通过驿站换马不换人的方式从岭南转运，以致差官常累死在路途上，史载：“杨贵妃生于蜀，好食荔枝。南海所生，尤胜蜀者，故每岁飞驰以进。”诗人杜牧《过华清宫》诗：“长安回望绣城堆，山顶千门次第开。一骑红尘妃子笑，无人知是荔枝来”，描绘的就是这个场景。

天宝十四年（公元755年）十一月，安禄山造反，唐玄宗携杨贵妃等人仓皇入川，次年途经马嵬驿（今陕西省兴平县西），军队哗变，逼玄宗诛杨国忠，赐杨贵妃自尽，杨贵妃时年38岁。

对于贵妃的死，唐玄宗伤心至极，“君王掩面救不得，回看血泪相和流”。此后，唐玄宗无论在逃跑途中还是在成都的一年多时间里，终日郁郁寡欢，情意绵绵地思念着杨贵妃。几年后，动乱平息，已成为太上皇的唐玄宗自四川返回长安。他还依旧深深地思念着贵妃，派人暗中将杨贵妃改葬他处。贵妃死时是用紫毯裹葬，红粉尤物香消玉殒，骨肉成尘。但是白骨上还带有一个香囊，太监将它献给玄宗。玄宗抚今追昔，更加觉得凄凉悲楚，于是将杨贵妃的画像挂在自己的住处，早晚观看。

据说有一次，由于百般怀念杨贵妃，唐玄宗便带了遗物重游华清宫。沿途百姓听说玄宗东去骊山，云集奉迎，箪食壶浆，不绝于道。此时玄宗年事已高，乘步辇而行，大家推荐了一位年高德劭的长者前去问安，说：“以前皇上从这里经过，经常鹰犬成群，追狐逐鹿，今天怎么都不见了呢？”玄宗答道：“我已经老了，怎么能和年轻的时候相比啊！”百姓听玄宗一说，掩面流涕，泣不成声。

玄宗来到华清宫，见偌大的一座宫殿，池苑依旧，雕栏玉阙犹在，只是灰尘积尺，成了燕雀的安乐窝。特别是飞霜殿内帐帷低垂，挂满蛛网，更有人去楼空之感。再回看莲花、海棠、长汤池内温泉涟漪轻泛，原物犹在，只是不见人沐浴了。回想起昔日通宵达旦地歌舞游宴，疯狂地击球、斗鸡、跑马、歌舞，是何等地令人神往啊。而如今梨园弟子流离失所，杨贵妃也玉殒马嵬驿，自己大权旁落，名义上是太上皇，实则寄人篱下，苟且偷生，不经意间再次潸然泪下。

侍从们心想玄宗郁郁不乐，肯定是触景生情了。于是，他们把还健在人间的新丰歌女谢阿蛮召来为玄宗排忧解闷。谢阿蛮善舞《凌波曲》，最得贵妃赏识，被视为乐舞方面的知己，经常出入宫廷，遍游杨家诸宅。谢阿蛮见过玄宗后，便开始为其舞《凌波曲》。完毕后，谢阿蛮将当年杨贵妃赏赐给她的金粟装臂环进献给玄宗说：“这是贵妃所赐。”也许是玄宗见物思人，拿在手里看了半天，凄然说：“这是高祖从高丽国得到的两件宝物，一件是紫金带，另一件是红玉支。朕把红玉支赐给了贵妃，后来高丽国要求归还宝物，朕命还其紫金带，留下了红玉支没有归还，你既然从贵妃那里获得，今日再次看见它徒增悲凉啊。”

侍从们见玄宗如此伤感，都劝其上骊山望京楼观赏自然风光，放松一下心情。望京楼乃是当年玄宗和贵妃在骊山上的歌舞之地。上楼后，玄宗叫善吹角篥的张野狐演奏《雨霖铃》曲，以表达对贵妃真挚的怀念。《雨霖铃》的来历非同一般，是马嵬驿兵变，杨贵妃被缢后，玄宗随军逃往四川途中，到了斜谷道，见天空阴霾滚滚，霏霏细雨，凄风萧萧，寒气阵阵袭人，听着栈道单调的响铃声回旋在千山万壑之中，如闻超度来日的丧钟时思念贵妃而作的悲曲。这首曲子是玄宗集悔恨、孤独、忧伤、惆怅和思念之心于一体，用音乐家的亲身经历和血泪凝聚而成的祭歌。当张野狐吹响角篥，只是听到悲音袅袅，声声血泪，如泣似涕，摧肝破胆，好像诉说着玄宗对贵妃的无限幽思，百般怀恋。

当曲子未尽时，玄宗突然想起自己当年不纳忠言，弄到如此田地，悔恨交加，又环顾四周，见随从与宫娥多非旧人，面孔陌生，更加思念贵妃往日的柔情蜜意，他再也抑制不住内心的悲哀，捶胸顿足，放声大哭。或许凑巧，这时在他眼前忽然出现了一个白发苍苍的老太婆，两眼闪着亮光，愤怒地指责他道："你违背了誓言，杀死了贵妃，她死了，你还要到这里假惺惺地思念，让她幽魂不安。现在她已经到了仙山成了仙子，再也不受你的欺侮和欺骗了。"说着一刹那间就不见了。据说这个老太婆就是骊山老母。从此，唐玄宗就整日像丢了魂魄一样，恍恍惚惚，常常仰天长叹。经过人们流传，成了一个玄宗望京楼哭杨贵妃的故事。

民间有传说认为，杨贵妃并未死于马嵬驿，而是流落于民间。另一种说法认为杨贵妃东渡日本，在日本山口县"杨贵妃之乡"还建有贵妃墓。1963 年，一位日本姑娘向人们展示了一本家谱，说自己是杨贵妃的后人。

无论李杨之恋还是杨贵妃死因之谜均引起了人们的无限遐想，人们对杨贵妃的崇拜也日益升温，延伸到各个相关领域。

在饮食领域，一旦沾上唐玄宗与杨贵妃的故事，就会引出许多话题，人们也往往借题发挥。其中有一道名菜——"贵妃鸡"的传说。"贵妃鸡"是苏州名菜。它选用肥嫩的童子鸡翅膀与香菇、淡菜、嫩笋、青椒一起焖烧而成。贵妃鸡的特点是菜色鲜艳，绿、乳黄、黑、白相配，令人赏心悦目，吃起来既嫩又鲜，香味扑鼻，是少有的佳肴。"贵妃鸡"，从

◎ 贵妃鸡

名字就可以看得出来，它一定与历史上一位贵妃有渊源。事实如此，这位贵妃不是他人，正是那位“回眸一笑百媚生，六宫粉黛无颜色”的杨玉环。

自从唐玄宗册封杨玉环为贵妃后，二人如胶似漆。有一天，唐玄宗与杨贵妃饮酒对歌，弄得神魂颠倒。他喝醉之后，连呼“好酒呀，好酒！吃得痛快！”杨贵妃也痴醉神迷地叫道：“我要飞上天！”唐玄宗因酒醉听错了，以为贵妃要吃“飞上天”，马上让太监传旨御膳房做出来。听了皇帝的圣谕，御厨们一个个面面相觑：他们从未听过有“飞上天”这道菜。但是，在封建社会中皇帝是至高无上的，他的话也就是金口玉言，只要一说出，任何人都不能拒绝。众御厨开动脑筋苦思冥想。有个御厨说，老鹰飞得高，大概就是“飞上天”吧！大家一听，赶紧做了两只红烧老鹰。可一尝才发现，鹰肉是酸的！于是御厨们重新开动脑筋。在御厨中有位苏州的名厨，叫“苏空头”，他想到鸡的肌胛肉最鲜嫩，把它拿来做“飞上天”肯定好吃。他把这想法对大家一说，众人一听，只好如此了。大家手忙脚乱地找来几只童子鸡，剁下它们的翅膀，与香菇、淡菜、笋片、青椒一起焖烧，“飞上天”就算做成了。御厨们一看此菜，色鲜味香，心才平定下来。

太监将“飞上天”端到杨贵妃面前，香气扑鼻让其从酒中醒来。唐玄宗也品尝一下，连声赞叹，忙问是什么菜。太监赶忙说，这是陛下刚才点的“飞上天”。唐玄宗这才想起酒醉时下过的圣旨，不免有点尴尬。此时，正津津有味地在品尝“飞上天”的杨贵妃说：“此菜色艳、肉嫩、味香，都与我“贵妃”相似，干脆就叫它‘贵妃鸡’吧！”唐玄宗一听，连声称好。

后来，御厨苏空头离职还乡，将“贵妃鸡”的烧制方法也带回去了。从此，这道菜就在苏州地区世代流传了。

在戏剧艺术领域，人们一直对唐玄宗与杨贵妃的故事进行改编，《贵妃醉酒》又名《百花亭》，后经京剧大师梅兰芳精雕细刻、加

◎ 京剧大师梅兰芳演绎贵妃醉酒

工点缀，成为梅派经典代表剧目之一。该剧大意：有一次，唐玄宗与杨贵妃相约，命其设宴百花亭，同往赏花饮酒。至次日，杨贵妃在百花亭摆下酒宴，准备与皇上痛饮一夜，久等不来。忽报唐玄宗已临幸江妃宫，她意识到皇上的心中还有别的女人，不禁一阵酸楚，无限的哀怨难以排遣。杨贵妃性本褊狭善妒，尤媚浪，且妇女于怨妒之余，最容易产生反应力。她自斟自饮，借酒浇愁，想到人生如梦，君心难测，更加情绪低落，渐渐不胜酒力，醉态十足。一旁侍候的高力士，察言观色，小心劝慰，对这位孤独、寂寞的贵妃娘娘充满了同情。直到月西星淡，杨贵妃也没有等来皇上，她一步三摇，被人搀扶着回到自己的住所。由此，一个政治故事又成为一个戏剧故事。

的确，在华清池里泉水滋润着放松的情绪，温暖的泉水怀抱着慵懒的人儿，人间的绝世爱恋就发生在这里，旷世的千古传奇就从这里流传。这里曾有过轻歌曼舞，也有过勾心斗角；这里曾有过心醉神迷，也有过尽情欢享；这里曾有过其乐融融，也有过战马嘶鸣。人间的最高权威和绝代佳人相聚在这里，他们爱得彻底，爱得疯狂，爱得忘乎所以，畅游在仙境般的爱河之中，即使渔阳鼙鼓动地来，也难打破他们最美好的纯洁感情。旷世的皇家爱恋在华清池里变为神话，变为永恒……“天长地久有时尽，此恨绵绵无绝期”。千百年来，杨贵妃的身世以及她的艺术形象，已经深深地沉淀在我们的文化中，华清池成了人们凭吊她的去处，寄托情思的表征。华清池的汩汩清泉，似乎仍在诉说着那浪漫而悲凄的爱情故事……

七、几度烽火

遥想中国历史，华清池燃起了几度烽火，让世人皆知它的魅力无限。相传早在西周时期，周幽王在华清池修建“骊宫”，烽火戏诸侯，千金博一笑，引发了国破身亡的悲剧，曾给他带来无尽欢乐的骊宫，竟然成为狼烟滚滚的战场。华清池看见过帝王将相，看见过美女如云，也看见过纷纷攘攘的诸侯，看见过叫嚣喧嚷的骊戎马队，也见证了周幽王魂飞魄散的狼狈模样。我们的思绪可能通过骊山华清池从穷兵黩武的秦王朝，飞至盛唐的开元盛世，又亲临日寇横行、“华北告急”、内战箭在弦上的危急关头。回首间，一边是雄霸一时的始皇帝，一边是莺歌燕舞、意乱情迷的风流韵事，一边却是强扣蒋介石的彻夜枪声……

历史再次让世人记得骊山、记得华清池是另一个王朝的一件事，那就是风流天子唐玄宗李隆基与妃子杨玉环在华清池的故事。唐玄宗宠幸杨贵妃到了无以复加的地步，边防大将安禄山就借机巴结杨贵妃，一步步获得了唐玄宗的赏识。杨贵妃爱吃新鲜的荔枝，安禄山买下了别人万里迢迢进贡的荔枝亲自带进宫献给贵妃娘娘。安禄山驰至御前，马扑前而累死，导致他摔伤昏迷，唐玄宗急忙派人救治。醒来后，安禄山说得知“南海荔枝，比四川的更加好看好吃”，故亲赴南海，驰驿而进。皇帝感其愚忠，因以曲名《荔枝香》，左右欢呼，声动山谷。安禄山在贵妃面前大献殷勤，他虽然比杨贵妃大十几岁，却请求给贵妃当干儿子，唐玄宗鼓励杨贵妃收下这个“好孩儿”。杨贵妃特召安禄山觐见，给他这个“大儿子”举行洗三仪式。

“洗三”自唐代已开始盛行。通常的说法认为“洗三”最初是宫廷礼仪，首倡者为唐玄宗李隆基。开元十四年，皇太子李亨喜得长子李豫。皇孙出生三日，李隆基亲赴东宫，指着迎接圣驾的李亨对随侍的高力士说："这所宫殿里有三代天子，真叫人高兴呀！"接着，他命随侍拿出一个用纯金锻造的澡盆，吩咐用此盆盛水，为第三代天子举行一个香汤沐浴的修禊仪式。小皇孙受洗金盆后，再用襁褓裹起。高力士带着宫人们三呼万岁，玄宗大喜，厚赐宫人。此后宫中逢有生育，无论男女都于诞后三日举行一次洗礼，渐渐成为规矩，并照例给宫人赏赐，称作"洗儿钱"。所以杨贵妃主持这个"洗三"仪式再好不过了，她让人把安禄山当做婴儿放在大澡盆中，为他洗澡。洗后，宫女又用锦绣料子特制的大襁褓，包裹住安禄山，把他放在一个彩轿上抬着，在后宫花园中转来转去，口呼"禄儿、禄儿"嬉戏取乐。

唐玄宗之所以宠信安禄山，是为了拉拢他守住边防。当时河北一带民族杂居，情况复杂，安禄山熟悉当地情况，他以征战或欺诈手法镇压各族反抗而立功，被玄宗倚为北边长城。玄宗晚年，朝政腐败，禁军虚弱。安禄山洞悉内情，有轻朝廷之心。他又与权臣杨国忠不和，遂阴谋叛唐。但安禄山在唐玄宗面前，头脑清晰，反应敏捷。唐玄宗曾指着他的大肚子，开玩笑说："你这蛮子的肚皮里，有什么东西，大成这个模样？"安禄山回答说："什么都没有，除了一颗忠于陛下的赤胆忠心！"唐玄宗甚为喜悦。唐玄宗曾命安禄山觐见皇太子李亨，安禄山却不肯叩头，左右侍从催他跪下，他拱手肃立，问说："臣是一个蛮子，不懂得朝廷的礼仪规矩，不知道皇太子是什么官？"唐玄宗说："皇太子是储君，等我驾崩之后，他继承皇位。"安禄山说："臣非常愚昧，从前只知道陛下一个人，不知道更有储君。"假装万不得已，只好跪下叩头。李隆基以为他说的全是真话，对他更加宠信。后来安禄山称契丹进犯，请旨返回边关，忽然大哭，一再表明对朝廷的忠心，皇帝宣旨同意其归去，杨国忠扼腕叹息，此次的放虎归山，酿成了史上著名的"安史之乱"。唐玄宗天宝十四年(公元 755 年)冬天，身兼三镇节度使的安禄山以“讨伐奸相杨国忠”为名，在范阳发动叛乱，15 万大军长驱直入，下潼关逼长安。

叛乱战火开始，千百万无辜的百姓于逃亡的路途中受尽苦难。随着漫天烽火的急剧蔓延，最终连唐玄宗也只得带着杨贵妃等人，在禁军的护卫下南逃四川，途经马嵬坡，大将陈玄礼和部下认为杨家祸国殃民，怒杀了杨国忠，并要求唐玄宗赐死杨贵妃。在风声鹤唳和慌张逃亡的危急气氛中，唐玄宗舍弃了曾使自己心荡神迷的美人，往日里“在天愿作比翼鸟，在地愿为连理枝”的誓言，此刻却烟消云散，马嵬坡上一道白绫，结束了杨玉环千古绝唱的爱情梦幻。

历经千载，华清池并没有随着绝世之恋，沉寂于奔流不息的历史长河中，它再一次震惊世界，是在 1936 年。当时西北地区的形势复杂，在陕北地区有中国共产党领导的红军及其根据地，而以西安为中心的主要力量有张学良率领的东北军和杨虎城率领的第十七路军，这两支军队均非蒋介石嫡系，屡受排挤。尤其是东北军，过去盲目执行蒋介石的不抵抗政策，弃守东北，遭国人唾弃，后被命“剿共”又蒙受重大损失，全军上下深感“剿共”没有出路，强烈要求抗日，收复东北国土。张学良自从在西北地区实行联共抗日之后，曾多次劝谏蒋介石停止内战，一致对外，都被拒绝。12 月 2 日，张学良飞抵洛阳见蒋，向蒋中正泪谏，谓其部下不稳，势难支撑，再三请求蒋委员长前往训话，蒋同意赴西安，驻华清池。12 月 4 日，蒋介石由洛阳抵西安华清池，立即调 30 万中央军“进剿”红军。张学良与杨虎城再次进谏，遭蒋拒绝。

溪云初起日沉阁，山雨欲来风满楼。改变中国现代史的重要事件——西安事变，就在平静的华清池里悄悄开始了。

蒋介石为督令张学良、杨虎城的军队，两次到西安，他的行辕都设在临潼县南门外华清池内，蒋介石只带了贴身侍卫二三十人，守卫华清池的都是张学良的卫队。蒋介石到达后，进入华清池二道门以内和行辕五间厅的守卫,均由蒋介石贴身侍卫担任。

华清池"捉蒋"的具体经过是这样的:12 月 11 日下午 4 点多钟,张学良与蒋介石谈话后,从蒋介石住处五间厅三号房出来,走到头道门时,部下王玉瓒正在此值勤。张学良说:"王营长,跟我回城去!"王玉瓒奉命来到西安市金家巷一号张公馆,当时客厅内就张学良和王玉瓒两人,张学良镇静地说:"命令你去把蒋委员长请进城来,要抓活的,不要打死他。"王玉瓒坚定地回答:"保证完成任务。"张学良满意地看着王玉瓒,又以深沉的口气说:"明天,你死我死都说不定,要有思想准备,要作好行动部署。"停顿一下,张学良说:"你和孙铭九要互相协助,做好这件事。你们一营是华清池行辕守卫者,应先行动。"张学良嘱咐王玉瓒改穿蓝色棉军服,以便与蒋介石的贴身侍卫所着黄色军服有所区别。

12 日凌晨 2 时许,王玉瓒向部下传达了"捉蒋"命令。同时,与 10 日晚刚进驻灞桥镇的孙铭九约定,以三声枪响为号。王玉瓒便连打三枪,命令战士开始进攻,同时通知孙铭九率官兵赶来增援。王玉瓒一枪就把放哨的蒋氏贴身侍卫打倒, 率领官兵冲进二道门。守卫二道门的蒋氏贴身侍卫们被枪声惊醒,他们凭借门窗作掩护,拼命开枪还击,顿时二道门内枪声大作,子弹横飞,官兵奋勇进攻。王玉瓒等利用廊柱黑暗角落作掩护,翻过荷花池,绕过贵妃池,跃到五间厅前平台上,发现蒋氏住的三号房大门半开着,飞步进卧室,发现床上无人,被子还温暖,伏看床底下也无人,但蒋的衣帽都在,假牙还泡在杯子里,黑斗篷也挂在衣架上。王玉瓒知道他已逃跑,但又猜不出跑到什么地方去了,心急如焚,焦灼万端,他急忙跑到五间厅外,令官兵四处寻找。此时,张学良打来电话说:"捉不到蒋介石,以叛逆论罪。"王玉瓒的心情越发焦躁,孙铭九率人已赶到。恰好,战士石志中跑来报告:"三号房后墙下发现蒋介石穿的一只鞋子。"王玉瓒马上意识到:蒋介石可能越墙逃上后面骊山了。他当即命令战士从左、右侧上山搜查。从左侧上山搜查的班长刘允政,叫战士翟德俊向杂草丛附近的大石头打了一梭子弹,枪声刚落,杂草丛内站起三个人,其中一个贴身侍卫掩护着蒋介石,王玉瓒命令刘允政带人把蒋介石架下山来。随后王玉瓒、孙铭九率卫队从华清池护送蒋介石返抵西安。

◎ 西安事变旧址

西安事变发生后，在国内外引起了强烈的反响。在如何处理事变的问题上，南京当权势力中出现了两派意见。以军政部长何应钦为代表的亲日派竭力策动“讨伐”,轰炸西安,企图取代蒋介石的统治地位;而亲英美派的蒋介石亲属宋美龄、孔祥熙、宋子文等则不顾何应钦的反对,为和平解决西安事变,营救蒋介石而积极努力。

中共中央在对国内外的政治形势进行分析之后,确定了用和平方式解决西安事变引起的问题,反对新的内战;还主张用一切方式联合南京的左派,争取中间派,反对亲日派,以推动南京政府走向抗日道路。同时,派遣周恩来、叶剑英等中共领导人与张、杨一起解决事变。24日,蒋介石被迫接受停战议和、联共抗日、释放政治犯等条件。25日蒋介石获释,由张学良陪蒋返南京,“西安事变”到此和平解决。蒋回南京后,立即把张学良拘禁起来,他的晚年一直在软禁中度过。周恩来对张学良的评价是:“民族英雄、千古功臣”!

绮丽温婉的华清池，就这样平静地改变了国民党的思想路线,促成了抗日战线的统一,鼓舞了全国人民爱国抗日的斗志,挽救了中国的苦难命运。从此,全面抗战的路线逐步形成,八年抗战最终以中国的胜利而告终。华清池,成为永载史册的革命圣地!

八、盛唐遗韵

如果说“回眸一笑百媚生，六宫粉黛无颜色”的杨贵妃使得华清池的风光随着历史烟消云散，那么触摸千年盛唐遗韵的脉搏——“梨园”仍回荡在华清池记忆中。

所谓“梨园”，本义是栽种梨树的果园。直到唐中宗时，禁苑中有梨园与枣园、桃园等并存齐列的一个果木园。果木园中设有离宫别殿、酒亭球场等，是供帝后、皇戚、贵臣宴饮游乐的场所。在中国戏曲史上占有重要地位的“梨园”，就产生在唐代这块沃土上。

“梨园”的兴盛与唐玄宗有很大关系，尤其玄宗前期，也就是所谓的“开元盛世”，封建经济和文化的发展达到了前所未有的高度。据说唐玄宗李隆基是个“性英断多艺，尤知音律，善八分书”的人。像他这样的皇家子弟，从小生活起居、读书礼仪等方面的教育，都有专门的官员和宫妃来负责，特别是对音乐、戏曲的嗜好和精通，显然是经过专门人才的教育与熏陶的结果。其实，玄宗的先祖太宗李世民就十分喜好歌舞，并修订具有西域风格的《秦王破阵乐》，演奏久盛不衰。《秦王破阵乐》是李世民根据自己的战争生活创编的大型武舞，舞者共 120 人，呈左圆右方形，前有战车，后有步卒，多次变换队形，雄伟壮观。武则天时，宫中演出《圣寿乐舞》，有 140 人参加表演。诗人王健在宫词中这样描绘该舞蹈：“罗衫叶叶绣重重，金凤银鹅各一丛。每遍舞时分两句，太平万岁字当中。”早在武则天时期，李隆基便和弟弟李隆范、妹妹代国公主等人，在祖母武则天值明堂大宴时，串演节目。当时，李隆基表演的舞蹈为《长命女》，弟弟李隆范表演“大面戏”《兰陵王》，代国公主和寿昌公主对舞了一曲《西凉伎》，“殿上群臣咸呼万岁！”这也说明歌舞百戏在唐代宫中已十分盛行了。

◎ 舞剧《秦王破阵乐》

开元二年(公元714年),由于唐玄宗的倡导,原来隶属于太常寺的倡优中的音乐人才划分出来,专门设立了"左右教坊以教俗乐"。唐玄宗还在梨园云集了许多著名乐师、作曲家和舞蹈表演艺术家。李龟年是一位著名的艺术家,玄宗时在梨园供职,善歌又善击羯鼓、吹觱篥(bì lì,簧管乐器,是唐代教坊中的重要乐器),能作舞曲,宫中的许多歌舞曲目,皆出于他之手。此外,梨园中还聚集了一批亚洲各国和少数民族音乐舞蹈人才。

玄宗担任了梨园的崔公(或称崖公),相当于现在的校长(或院长)。《新唐书·礼乐》所记:"玄宗既知音律,又酷爱法曲,选坐部伎子弟三百,教于梨园,声有误者,帝必觉而正之,号皇帝梨园弟子。"从此"梨园"就被借用为乐舞戏曲团体的代名词,崔公以下有编辑和乐营将(又称魁伶)两套人马。玄宗乐感极为灵敏,梨园弟子合奏时,"音响齐发,有一声误",总是立即察觉,予以纠正,真正具有指挥家的才能。

玄宗还为梨园搞过创作,其中包括著名的《霓裳羽衣曲》。他对此喜爱之至,"千秋万舞不可数,就中最爱霓裳舞"。《霓裳羽衣曲》传说是河西节度使杨敬述将印度传来的《婆罗门曲》带到长安后献给玄宗,由玄宗润色并配制歌词。还有一说法是相传杨玉环入宫时曾舞这曲子,舞蹈跳得十分娴熟,如回雪流风,回天转地的韵味,把玄宗似乎带入了月宫。玄宗非常高兴,并亲自操鼓击节伴奏。此曲描写他向往神仙而去月宫见到仙女的神话,其舞、其乐、其服饰都着力描绘虚无缥缈的仙境和舞姿婆娑的仙女形象,给人以身临其境的艺术感受。舞蹈是此曲的组成部分,舞者必须身着象征孔雀翠衣的羽衣和艳如彩虹般的霓裳(淡彩衣裙),装扮得极其典雅秀丽,有如天仙。因其舞兼有健舞、软舞之长,而又非属两舞之一，实乃开创了一种典雅华贵的新舞风。《霓裳羽衣舞》声势浩大，乐舞精妙，轰动天下，文学雅士争相赞咏，擅艺之人多方肄习，传授各地，乃至家伎，可谓空前的繁盛。大臣张说《华清宫》云："天阙沉沉夜未央，碧云仙曲舞霓裳。一声玉笛向空尽，月满骊山宫漏长。"

◎ 霓裳羽衣舞

著名诗人白居易称赞此舞的精美："千歌万舞不可数，就中最爱霓裳舞。"这里面还有一个故事。据说白居易曾担任杭州刺史，他不仅领导民众筑堤浚井，也创作了许多描写杭州的优美诗篇，甚至还将当时长安的乐舞技艺带到了杭州。白居易教习杭州歌舞伎排练《霓裳羽衣舞》，一共演过三次，最早一次是在长庆三年(公元 823 年)秋。当年，元稹途经杭州，白居易在郡斋热情款待他，演《霓裳羽衣》以助兴。因当时白居易教习乐舞初成，所以这次演出为在郡斋的预演，同时因元稹也精通乐舞，也有请其观摩指导的意思。随着唐王朝的衰落崩溃，一代名曲《霓裳》竟然"寂不传矣"。后来，南唐后主李煜与周后凭着自己的音乐天赋，复原了失传 200 年的《霓裳羽衣曲》，是音乐史上的一大奇迹。

此外，玄宗还经常指令当时的翰林学士或有名的文人编撰节目，如诗人贺知章、李白等都曾为梨园编写过上演的节目。唐玄宗、雷海青、公孙大娘等人都担任过乐营将的职务。他们不仅是才艺极高的著名艺人，又是诲人不倦的导师。其中，公孙大娘是唐代最杰出的舞蹈家之一。"诗圣"杜甫曾赋诗："昔有佳人公孙氏，一舞剑器动四方。"还有一位书法家名张旭，自从看了公孙大娘的剑器舞，他的草书有了很大的长进。唐玄宗依靠这些杰出的创作人员和导演，造就了一大批表演艺术家。

安史之乱后，国势日渐衰微，地方藩镇割据日益严重。宫廷创作除《中和乐》等少数作品外，几乎都是各地节度使命令当地"衙前乐”里的乐工创作的。在这时期的创作中,《南诏奉圣乐》和《葱岭西曲》是比较突出的作品。前者是南诏王异牟寻(今云南白族)令人用南诏民间乐曲为素材创作的。此曲反映了南诏地区人民渴望“内附”,即归顺唐朝的迫切心情。

后者是唐宣宗(847—859年)时的创作。当时西域河、湟地区人民,不堪忍受吐蕃奴隶主贵族的野蛮统治,在张议潮领导下举行起义。一天早晨,起义群众身披盔甲,手持武器,包围了吐蕃官司署沙州城,城内的汉人闻声响应,呐喊助攻。吐蕃兵将吓得惊慌失措,弃城逃走。张议潮接管了州府军政大权,扩充军队,训练士卒,打造武器,维修城池和作战器械。同时,发动人民发展农业生产,支援军队打仗。为了和唐王朝取得联系,张议潮派出高达等人,手拿空心木棍,内藏给皇帝的呈文,去京城长安。唐宣宗李忱知道此事后,高兴地称赞说,“关西出将,岂虚也哉”,任命他为归义军节度使。

公元866年2月,张议潮与仆固俊率领由河西各民族士兵组成的主力骑兵数万人西征吐蕃占领下的西域大唐故地。唐军所向披靡,斩首吐蕃军万余人,陆续收复西域西州、北庭、轮台(即今新疆高昌、吉木萨尔、轮台县),前锋深入西域。这是自安史之乱百年后,唐军进入西域故地距离最远、战果最大的一次远征。10月,唐河西归义军在张议潮、仆固俊等指挥下,在廓州(今青海贵德)包围了双手沾满河西甚至是西域各族人民鲜血的吐蕃王朝大相尚恐热。在唐军拼死猛攻下,吐蕃全线崩溃。张议潮麾下将领拓跋怀光率500精锐骑兵冲入廓州,生擒吐蕃主帅尚恐热。拓跋怀光秉承张议潮命令,将双手沾满西域人民鲜血的屠夫尚恐热先砍掉四肢,而后凌迟,最后斩首。随后,唐军将吐蕃贼酋尚恐热首级飞马传至京师长安。同时,唐军将领尚延心击溃吐蕃残军。曾经威震西域甚至一度攻占长安的吐蕃势力受到毁灭性打击,加之内部分裂以及西方大食的攻击,彻底衰败。至此,沦丧近百年之久的陇右地区回归故国。张议潮创造了让后人感觉不可思议的“败吐蕃,河西、陇右之地尽归大唐”的奇迹!有诗颂张议潮的功绩:“河西沦落百余年,路阻萧关雁信稀。赖得将军开归路,一振雄名天下知。”这首诗反映了这一历史事件,表现了西域人民“乐河湟故地归唐”的愿望。

◎ 华清宫梨园

综观唐代的历史,以华清池梨园为代表的唐代音乐和舞蹈艺术,充分地反映了中国古代文化艺术最为鼎盛的黄金时期。

九、文人意气

华清池温泉历来被文人墨客争相传诵而古代文人身上往往有种异于常人的气质,即文人意气,他们有的表述温泉恃才傲物,有的描述温泉自由洒脱,有的借温泉感怀忧国忧民。因温泉而形成的文人灿若繁星,既见证了历史上的很多兴衰演变,又见证了中国古代文人发展的脉络。

(一)睹物兴情。中国古代文人是多情的。多情不免有寂寥的时候,有不得志的时候,便想远离尘世的喧嚣与烦躁,来理一理纷乱的思绪,抚慰一下受伤的心灵。在这个环境下文人便在智者乐水、仁者乐山的指引下投向了山水的怀抱。这种山水情形见证了骊山温泉文化流长。

汉代张衡的《温泉赋》被视为经典:“阳春之月,百草萋萋。余在远行,顾望有怀。遂适骊山,观温泉,洛神井,风中峦,壮厥类之独美,思在化之所原,美洪泽之普施,乃为赋云:览中域之珍怪兮,无斯水之神灵。控汤谷于瀛洲兮,濯日月乎中营。荫高山之北延,处幽屏以闲清。于是殊方交涉,骏奔来臻。士女晔其鳞萃兮,纷杂沓其如烟。”这段文字点明游览临潼骊山温泉的时节，正当阳春季节，风和日暖，木草茂盛，出门远游，见骊山温泉而神往，于是激情奔去。登临骊山，观览温泉，沐浴于神井，游观于峰峦。景点之多，令人不遍游而不能罢休；景色之美，使人获得了无穷的享乐；感受之深，不禁抒发了温泉“独美”的赞叹之情，思索着温泉奇妙的造化。骊山温泉来历神奇，它地处西部陕西，却与东海神山稼洲上的汤谷相贯通，传说汤谷上有扶桑池，太阳从中沐浴后便从东山升起，所以池中的水四季温暖。临潼骊山温泉之美，传闻天下。四方游人不辞辛苦地跋山涉水，奔来观赏，都市男女不约而同地纷至沓来，会聚于此。

北魏元苌的温泉之颂，写得神采飘然，是继后汉张衡《温泉赋》后骊山温泉诸赋中又一名篇。相传北魏年间，大书法家元苌被任命为雍州都督兼刺史。这位河南的大书法家听说骊山温泉名噪天下，便带着属僚们来此游览名胜古迹。谁知他们看到的是一片残垣颓壁、瓦砾焦土，看到的是大批患病百姓带着口粮不远千里来到温泉疗养。可惜，骊山虽有一池天赐的温泉，但上无片瓦遮盖，下无围墙环绕，大家要住下来疗养健身非常困难。面对这种情景，尚有忧国忧民之心的元苌刺史感慨万端，并决心振兴温泉，为民造福。元苌回到长安府衙后，虽然没有申报朝廷请拨专款，却说服夫人倾其家财作为重修骊山振兴温泉之资。而且，深明大义的夫人、小姐还各献出了自己的“胭脂费”和“体己钱”。既然长官做出了表率，属僚们也不敢怠慢，都献出自己的积蓄作为重修骊山、振兴温泉之费。长安城里外的士庶百姓们听说刺史大人倾其家财振兴温泉，大受感动和启发，也都纷纷到府衙献钱、献物或争当修治温泉的工匠、民夫。

在全城官民的努力下，不久重修骊山、振兴温泉的工程破土开工。元苌刺史亲临骊山和工匠们一齐研画图形，和民夫们一齐砌石添瓦，给泉池上盖起房舍，使骊山宫馆的旧貌变新颜，骊山温泉恢复了她的天生丽质。元苌望着喜气洋洋前来治病的士民百姓,饱蘸浓墨写起《温泉颂》:“盖温泉者,乃自然之经方,天地之元医,出于河渭之南,泄于丽山之下……以为斯泉,天实置之而人略未备,乃翦山开鄣,因林构宇,邃馆来风,清檐驻月,望想烟霞,迟羽衣之或顾,愿言多士,恕因兹以荡秽,乃作颂曰:皇皇上灵,愍我苍生。泌彼温泉,于此丽川。其水克神,克神克圣。济世之医,救民之命。”这里叙述了临潼骊山下的温泉,不需要烧柴烧炭,就能滚烫得如开水,是天然形成的灵动之地,隐没在深山中,隐藏着神灵,带着神秘的力量救人性命。

(二)恃才傲物。中国古代文人向来都是很高傲的,这种情况在华清池有关作品中表现得淋漓尽致。宋代苏轼的诗记“所经温泉天下七处以骊山为最”,对此以天下第一来赞美。苏轼的赞美来自于其沐浴温泉的经历,与其文化地位也不无关系。他是一位才华超卓的杰出文学家,在中国文学艺术史的各个领域里,苏轼的名字似乎都是一座里程碑,深受人们景仰。苏轼一生游览大江南北,凡是他到过的地方,人们都世代传颂其沐浴温泉,戏和温泉诗,妙趣横生的沐浴文化故事。

苏轼喜欢沐浴,尤爱泡温泉,其中为当时人们所津津乐道的是他在庐山圆通寺的题壁诗。元丰七年四月,苏轼来到庐山,访寻父亲苏洵早年游学东南登临之地。他在温泉院的壁上发现一个叫可遵的和尚的题诗:“禅庭谁作石龙头,龙口汤泉沸不休。直待众生总无垢,我方清冷混常流。”苏轼想,这首诗问题颇多,于是亦戏题一绝于壁上:“石龙有口口无根,自在流泉谁吐吞。若信众生本无垢,此泉何处觅寒温。”

当可遵听说大诗人苏轼在其题诗壁上续题一诗,不免得意忘形起来,立刻前去与苏轼攀交。可在途中听说大诗人还作一首《三峡桥》,可遵竟大言不惭地对苏轼说:“和尚也有一首绝句要题在尊作《三峡桥》诗后,‘君能识我沥泉句,我却爱君三峡诗。道得可咽不可漱,几多诗将竖降旗’。”念罢意气飞扬,神态狂妄,苏轼见其俗不可耐的德性,深悔不该随意续题诗句。而可遵竟说“子瞻护短,见我诗好甚,嫉妒而去”,众僧都不齿于可遵所作所为,可遵亦觉没趣,悄悄离寺而去。

绍圣年间,苏轼被贬惠州时,在白水山看到一道温泉瀑布,气势雄伟,宛如从天而降。许多百姓都在温泉瀑布下,兴高采烈地沐浴。苏轼与儿子苏过被这热闹的场景所感染,也宽衣解带,沐浴在温泉瀑布下,还赋诗一首:

新浴觉身轻,新沐感发稀。
风乎悬瀑下,却行咏而归。
仰视江摇山,俯见月在衣。
步从父老语,有约吾敢违。

这首温泉诗写出温泉的动感,洗浴时无比痛快,产生“仰视江摇山,俯见月在衣”的特殊感受,以及温泉与人们亲密无间的感情。清代学者纪晓岚评语云“极平浅而有深味,神似陶公”,苏轼在白水山写的温泉诗是中国温泉文化的名篇佳作。

但是,综览苏轼一生的沐浴,无论从历史角度还是天下温泉的角度看,他在《书游温泉汤后》对骊山温泉得出最高评价,这就是华清池温泉赋予的文人意气。

余之所闻汤泉七。……唯骊山当往来之冲,华堂玉甃,独为胜绝。然坐明皇之累,为杨、李、禄山所污,使口舌之士,援笔唾骂,以为亡国之余,辱莫大焉。今惠济之泉,独为三子者咏叹如此,岂非所寄僻远,不为当途者所恩,而后得为高人逸士与世异趣者之所乐乎!或曰:明皇之累,杨、李、禄山之污,泉岂知恶之!然则幽远僻陋之叹,亦非泉之所病也!泉固无知于荣辱,特以人意推之。可以为抱器适用,而不择所处之戒。

(三)忧郁心情。文人忧郁与现实情况密切相关,往往因事或物而发,阐释其心的感情。也就是所说的情景转移,这是文人惯用的手法。在温泉诗文是常见,不过这里面的故事也丰富多彩。据说唐玄宗早年有位爱妃叫江采蘋,挥笔写下了:“温泉水天成,皇家筑宫室。美人承主恩,赐浴华清池。”表示了她的百结愁肠与不满。

江采蘋的华清池伤感诗，还是由唐玄宗贪恋女色惹起的祸端。开元二十七年(公元739年),高力士使闽,见到这位少女采蘋,宛若天仙,才貌无双。高力士把她选入宫侍奉玄宗,果然宠幸。

自古以来,美女总有花草相伴,江采蘋也不例外。她喜爱梅花,居处大明宫四周遍植梅花。玄宗不但特意题其匾额“梅亭”,而且还告诉采蘋:“朕封你为梅妃。”梅妃诚惶诚恐地谢恩说:“臣妾确是怕才德不足以服人,让人家觉得陛下偏心失察,有损陛下圣誉。既然陛下执意要抬爱臣妾,臣妾自然感激不尽。只是万一以后有更适宜的姐妹入选时，陛下不必顾忌臣妾，臣妾仍乐意做个散淡之人。”梅妃的谦恭和真诚,给玄宗与后宫嫔妃们留下贤惠的印象。

天宝初年，杨玉环以肌肤丰艳,美慧绝伦,又通晓音律,善解人意,自选入宫,大受玄宗宠幸。玄宗自此日日笙歌,沉溺于声色之中,不再过问国事。但是,杨贵妃恃宠妒悍不逊,勾心斗角,颇有心计,而梅妃性格温柔和缓,势衰见欺。杨贵妃与权臣李林甫暗中勾结,离间玄宗与梅妃的关系。后来,梅妃被迫迁往上阳东宫。又到了梅花绽放的时节,唐玄宗漫步梅园,睹花思人,心中暗生一丝悲凉,这天晚上借身体不适,独宿在翠华西阁。夜深人静,梅妃淡雅的身影像一阵清风似的闪入他的心头。于是他密遣一贴身小太监,到上阳东宫接梅妃前来叙旧。

◎ 梅妃

梅妃梳洗打扮了一番,来到了翠华西阁。两人一见,恍惚觉得分隔了几世。他们说不尽的缠绵之话，不知不觉就谈到了金鸡报晓。突然内侍惊报："贵妃娘娘已到阁前，如何是好？"唐玄宗闻报一阵惊慌，连忙穿衣起身，把她藏到屋内夹墙中。杨贵妃推门而入，问玄宗："这梅精在何处？"玄宗假装若无其事地说："她不是在上阳东宫吗？"杨贵妃狡黠地说："何不让她来，到骊山温泉享乐一番！"玄宗不知如何对付，只好装聋作哑。然而一向妒悍的杨贵妃决不善罢甘休地说："御榻下有妇人金钗，枕边留有余香，昨夜是何人为陛下侍寝，能够欢睡到日出还不视朝。当然，陛下可去面见群臣了，臣妾在此等陛下回来。"

唐玄宗见她如此放肆，悻悻地说："我今日身体不适，不能上朝了。"杨贵妃眼看事情闹僵，拿出看家本领，装痴卖娇，哭闹了一番，然后愤愤地回娘家去了。杨贵妃走后，玄宗翻身睡去。他一觉醒来，已经日上三竿，身边不见梅妃，一问才知是小太监把她送走了，一股无名的怨气猛然迸发出来，怒气冲冲地命人将小太监推出斩首。可怜无辜的小太监，在杨贵妃与梅妃的爱情争夺战中，莫名其妙地成了宫廷斗争的牺牲品。

后来，杨贵妃红极一时之后，终在马嵬坡香消玉殒。梅妃则在受尽冷落后，在长安又重新伴君得宠。可惜好景不长，梅妃在战乱流离中拖垮了原本虚弱的身体，回宫不久，因偶感风寒，体弱无法治愈，最终酿成重疾，半月之后悄悄离开了人世。唐玄宗得梅妃而复失，大哭失声，哽咽地对高力士诉说："梅妃与朕就像再世姻缘，今又先我而去，命运为何如此悲惨啊？"唐玄宗很悲痛，遂御诗《题梅妃画真》。诗的大意："我想起从前的你啊，又娇媚，又任性，住在我金碧辉煌的宫廷；不施粉黛，不假雕琢，你是那样的纯美、天真！这洁白凌绡上画的，虽是你当日的情态，可叹的是，你柔媚的眼波再也不肯回顾我这无情无义的罪人。"从来是悲怨出诗人，诗穷而后工。唐玄宗在孤寂凄然中面对春风桃李花开日，秋雨梧桐叶落时，不见梅妃形影，何曾相思欢悦，不免怅然若失！

(四)忧国忧民。自从华清池闻名天下后,也成为诗人竞相歌颂的对象,而最成功的诗篇,莫过于白居易的《长恨歌》。关于《长恨歌》,还有一个故事:相传钟馗被唐玄宗封为"赐福镇宅圣君"后,由画家吴道子绘成《钟馗赐福镇宅图》悬于杨贵妃卧内,宫内盛传"赐福镇宅,唯真钟馗",为祈福平安,杨贵妃每日虔诚膜拜,檀香氤氲缭绕。面对生得豹头环眼,铁面虬鬓,相貌奇异的钟馗画像,贵妃不由得日久生情,将钟馗视为自己唯一的知音,时常与钟馗倾诉衷肠及心中的悲喜,还为他弹琵琶,跳舞,设酒宴。由于有真神钟馗相伴,杨贵妃气定神闲,无牵无挂,日渐丰满。有一天,天降大雨,杨贵妃又祷念起来,真是想念钟馗。这时见空中一道电闪雷鸣,钟馗显圣道"皇之妃,镇钟馗,莫妄为!"铿铿作响,贵妃幡然悔悟,跪拜谢神。自此以后,贵妃更加敬重钟馗,称钟馗为"正人真君",一心事君,再无二心。为了报答唐玄宗与杨贵妃的知遇之恩,后来钟馗托梦给周至县尉白居易,为红颜知己杨贵妃写下了千古绝唱——《长恨歌》"……七月七日长生殿,夜半无人私语时。在天愿作比翼鸟,在地愿为连理枝。天长地久有时尽,此恨绵绵无绝期。"

◎ 当代 戴敦邦《长恨歌》画卷(局部)

不可否认,这是白居易的名篇,形象地叙述了唐玄宗与杨贵妃的爱情悲剧。诗人借历史人物和传说,创造了一个回旋婉转的动人故事,并通过塑造的艺术形象,再现了生活的真实,感染了千百年来的读者。

到了晚唐,许多文人描写骊山温泉却是为了讽刺或劝诫帝王。唐代大诗人元稹写下的著名的长篇叙事诗《连昌宫词》,诗中写道:"开元之末姚宋死,朝廷渐渐由妃子。禄山宫里养作

◎ 大型山水实景舞剧《长恨歌》演出剧照

儿，虢国门前闹如市。弄权宰相不记名，依稀记得杨与李。庙谟颠倒四海摇，五十年来作疮痏。"这首诗把唐王朝衰落的缘由不但直指唐玄宗，而且把杨贵妃看做红颜祸水。的确，中国历史上的封建统治者，向来对女性存有根深蒂固的偏见，在漫长的男权社会里，女性从来都是男性的附庸。事实上，杨贵妃和与其同列为古代四大美女的西施、貂蝉、王昭君一样，都是男性当权者的玩物或政治斗争的工具。当然，最惨的是杨贵妃，于九泉之下还常被一些人揪出来，替李唐王朝的衰落承担责任，承受媚君祸国的千古骂名。就连诗人李商隐也在《华清宫》诗中对其大加指责："华清恩幸古无伦，犹恐娥眉不胜人。未免被他褒女笑，只教天子暂蒙尘。"

（五）爱憎分明。文人都是很洒脱的，很固执的，他们敢爱敢恨，爱憎分明。王羲之爱鹅，便不惜拿自己的书法作品去换，被后世传为美谈。到陆游所作《夜梦游骊山》，却多是愤慨和无奈："秦楚相望万里天，岂知今夕宿温泉。穿云漱月无穷恨，依旧潺湲古县前。"有古拙之大悲，有满腔之幽愤，读来令人叹惋。诗以说理。温泉说理诗晚唐有一些，大多在宋代，因为朝代的更替，宋代文人们难免会拿曾经是唐代繁华巅峰代表之一的温泉来说事。同样，禅宗文化的普及，使很多富有佛家思想的警句也出现在宋诗里，可谓光芒耀眼。

与以往观点不同的是，宋人强至说："壮观悲凉旧迹存，莲花泉暖至今温。行人莫罪无情水，一笑华清是祸源。"并非是水无情，奢华乃是祸源。这是至理，朝代更替恐怕都因当权腐败。阮阅《郴江温泉》："谁将炎热换清凉，可使澄泓作沸扬。从赐骊山妃子沐，人间处处得温汤。"这是一种接近"大同"的思想，"人间处处得温汤"，与唐玄宗的"与天下兆民共之"有异曲同工之妙，但前者出于一个普通人手里，尤显得真挚可敬。

历史给这段千古绝唱的帝王爱情有个公允的评价。清代学者袁枚说："莫唱当年长恨歌，人间亦自有银河。石壕村里夫妻别，泪比长生殿上多。"那个时代里，谁也不可能去说皇帝的错误，只能去怪罪皇帝身边的她。鲁迅先生在《女人未必多说谎》一文中尖锐地指出："关于杨妃、禄山之乱，以后的文人就都撒着大谎，玄宗逍遥事外，倒说是许多坏事都由她。女人们替自己和男人服罪，真是太长远了！"我们不禁要问："难道美丽也是一种错误？"今天日本人仍认为杨贵妃是中国最美的女人。总盖棺论定，但历来都难，杨玉环也不例外，既有表扬她的，又有为她鸣冤的，如唐人徐夤独到视角的诗作："当年从龙如从云，只有杨妃死报君。势穷一身殉社稷，中兴应作荩臣论。"如果说徐夤的诗在表扬，那么罗隐的诗则在鸣冤："马嵬烟柳正依依，又见銮舆幸蜀归。地下阿瞒应有语，这回休更怨杨妃。"

华清池里，唐玄宗与杨贵妃的爱情无不让世人动容，三千宠爱系于一身，玄宗是如此动情，与贵妃是如此恩爱。历史居然会在温泉旁边回旋起来，形成一个浪漫的旋涡。华清池给我们勾勒了我国古代文人的大致画像，让我们对中国古代文人有了一个清晰的印象。

十、今日奇葩

经历了上千年的风雨沧桑，到新中国成立前，骊山多遭兵火之灾，许多历史古迹遭到破坏，文物遗产埋没于荒野，树木凋零，骊马也俯首就卧，一片衰败景象。新中国成立后，特别是改革开放后，国家对骊山经过多次装点、修饰，使其又披上了绿色的盛装，更加显示出它那青春的活力。特别是华清池先后被列入全国第一批重点风景名胜区、全国重点文物保护单位、“中华名园”、全国首批 AAAAA 级旅游景区等等，现已成为西安临潼国家旅游休闲度假区主打品牌之一。

现在的华清池是在清代基础上不断整修扩建而成的，占地面积85560平方米，不过是唐华清宫的一小部分。唐华清宫遗址区域内相继发掘、出土了我国现存唯一的一处皇家御用汤池群和梨园，并在其遗址上建起了唐御汤遗址博物馆、唐梨园艺术陈列馆，以翔实的文物资料展示出华清池的六千年沐浴史和三千年皇家园林史。

当历史车轮滚滚向前时，幸运的是她留给今日临潼这片土地上的大唐御汤遗址。经过修整后，这里重现昔日大唐华清池沐浴的盛景。如星辰汤水源沿用华清池最古老泉眼，其为母系氏族时期开发和使用。唐太宗李世民又在此沐浴，这个汤池是一个天然的汤池，皇帝晚上在这里沐浴时可看到日月星辰，因此叫做“星辰汤”。星辰汤是一个不规则的长方形，是汤池中面积最大的一个，进水孔也

◎ 御汤遗址

◎ 星辰汤

特别大，直径为1米左右，所以当时水就像小溪一样流进来。星辰汤的旁边还有一个便殿遗址，是供皇帝休息、更衣的小房间。几个正方形的柱石基础周围有几个环行的凹道将便殿包围了一圈，把温泉水引过来循环不停流动，水蒸气又将房间烘热了，起到保暖的功效，这是我国最古老的暖气遗址。

与星辰汤有所不同的，莲花汤见证了李杨的爱情。它是专为唐玄宗沐浴的汤池，用汉白玉雕刻而成，以一些花鸟虫鱼的形象为主。相传，莲花池修好后，唐玄宗急于下池沐浴，当脚刚刚伸入池中，由于水波的荡漾，池中的动物就像活了一般，张开大嘴要把皇帝吞掉。唐玄宗一怒之下，下令工匠把它们全部打磨掉了，只留了两个圆形的并蒂莲花。为什么要留这两朵并蒂莲花呢？因为据说李隆基与杨玉环在骊山半山腰的长生殿内山盟海誓："在天愿作比翼鸟，在地愿为连理枝。"所以只留了两朵并蒂莲花，以表示李隆基对杨玉环爱情的忠贞。

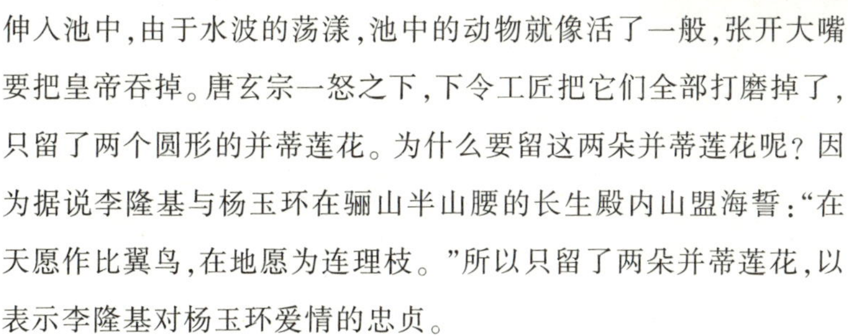

除了皇帝专用汤池外，华清池还有一个专为杨贵妃沐浴建立的海棠汤，其又有"贵妃池"美称。唐代用24块粉红色的蓝田玉铺就而成，因为其平面酷似一朵盛开的海棠花而得名。池面恰似一朵盛开的海棠花，池中的莲花喷头恰如海棠花蕊。池中央有一个进水口，一个汉白玉雕成莲花底座，莲花底座上边接莲花喷头，下边接陶水管，与温泉水源相通。当时温泉水量足，出水压力大，温泉水从莲花喷头喷出时，水花向四周喷散，飞珠走玉，相当于现在的淋浴设施。人仿佛置身于半

◎ 海棠汤

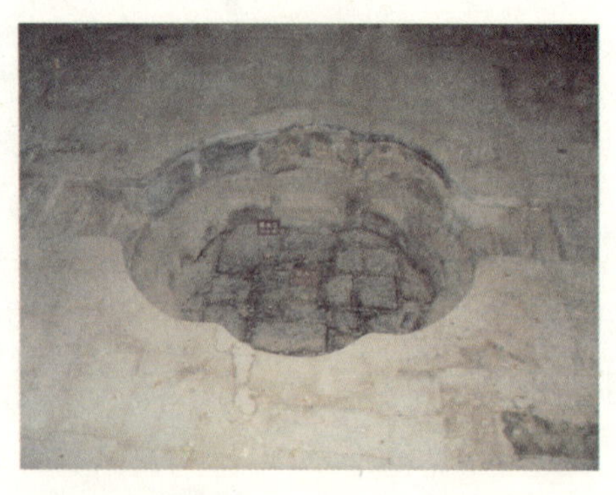
◎ 贵妃池

云半雾之中，确有飘飘欲仙之感。当一代美人贵妃娘娘沐浴后，还有一个供她晾发的飞霞阁，又称晾发台。

当人们看过皇帝、嫔妃的专门汤池，也想看看皇帝儿子沐浴的地方。皇子沐浴之地正是太子汤，它始建于公元644年，先后共经历80余年。沐浴的皇太子有李承乾、李治、李贤等10人，其中有4位君临天下。太子汤采用“星辰汤”排水道供水，既摆正了皇帝与皇太子之间的尊卑关系，又解决了礼制犯忌的问题，来自“星辰汤”的温泉寓意着能使皇太子常沐父皇恩泽。

在封建社会，皇室与大臣构成了一个命运集合体，他们之间既有尊卑，也有关怀。遗址中的尚食汤是最好的见证。一般认为，“尚食”是古代官员的一种称谓，是皇帝御厨。尚食汤也是等级最明显的一个汤池，它分为大、小间，中间有石墙相隔。小间的地势比较高，是供等级高的官员沐浴的地方；大间是等级低的官员沐

◎ 飞霞殿晾发台

◎ 太子汤

浴的地方。在右边台阶下面有6个十分规整的小石坑，据专家推测,小石坑是古代官员的一种按摩工具。尚食汤的官员成天跑来跑去侍候皇上用膳,脚上多厚茧。而皇帝明文规定:“他们的手是用来给我做饭的,因此不能用手去动其他的地方，更不能用手去搓脚后跟的厚茧了。”可见,小石坑的功能是用于脚部按摩。

汤池如此美妙,人们少不了歌颂它。华清池园区特别设置了石刻碑室,便于陈列文人墨客描写一些赞美华清池和温泉水源的颂词。最著名的一块碑石是温州刺史元袠书写的《温泉颂碑》。当时,元袠来华清池向皇帝启

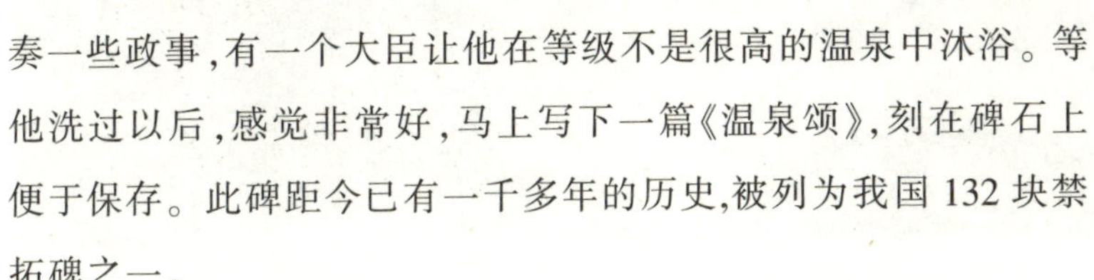

奏一些政事,有一个大臣让他在等级不是很高的温泉中沐浴。等他洗过以后,感觉非常好,马上写下一篇《温泉颂》,刻在碑石上便于保存。此碑距今已有一千多年的历史,被列为我国132块禁拓碑之一。

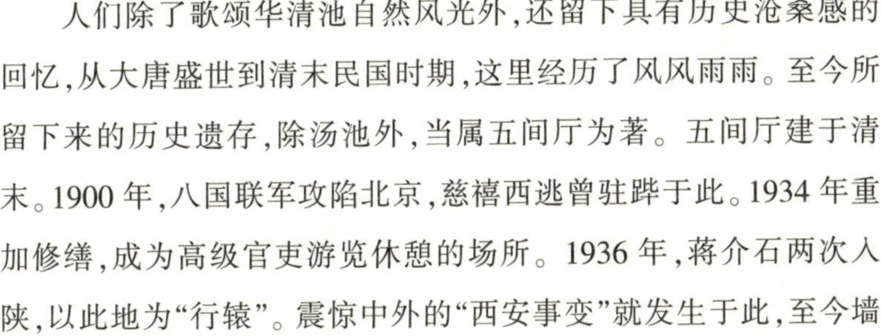

人们除了歌颂华清池自然风光外,还留下具有历史沧桑感的回忆,从大唐盛世到清末民国时期,这里经历了风风雨雨。至今所留下来的历史遗存,除汤池外,当属五间厅为著。五间厅建于清末。1900年,八国联军攻陷北京,慈禧西逃曾驻跸于此。1934年重加修缮,成为高级官吏游览休憩的场所。1936年,蒋介石两次入陕,以此地为“行辕”。震惊中外的“西安事变”就发生于此,至今墙壁上、窗户上仍留着累累弹痕,成为那段历史的见证。五间厅的一号厅房为侍从室,二号厅房为会议房,三号厅房为蒋介石的办公室,四号厅房为蒋的卧室,五号厅房是蒋的秘书办公室。东边的三间厅,是蒋的贴身侍卫住宿及无线电通信班所在地。1946年,国民政府在蒋介石当年藏身的虎斑石处修了“民族复兴亭”,又叫“正气亭”,新中国成立后改为“捉蒋亭”,现在又改称“兵谏亭”。

◎ 尚食汤

一个优秀的园林只有将历史记忆与现代结合，才能有

◎ 西安事变旧址 ——蒋介石卧室

◎ 西安事变旧址——蒋介石卧室蒋与宋美龄合影照

◎ 西安事变旧址——蒋介石临时办公室

◎ 兵谏亭

生机、繁荣。在这方面华清池园区就是一个典范。通过门内，湖中央有一尊雕塑，这就是此处的主人公杨贵妃了。她脱下外装，半披浴纱，足踩暖滑的骊山温泉水，正准备沐浴。这座雕塑高 3.3 米，重 5 吨，是 1991 年 9 月，华清池向西安临潼首届石榴节献礼的项目，现已成为华清池园区的重要标志。同样，《杨玉环奉诏温泉宫》壁画也是如此。它描绘唐玄宗李隆基于开元二十八年(公元 740 年)在骊山温泉宫召见杨玉环的夜宴盛况，该壁画将 53 个登场人物有机地结合成章，人物层次有序、主次分明、布局合理、静动清晰。壁画全长 9.15 米，高 3.6 米，面积约 30 平方米。用有质地的白色大理石，并采用化学药剂腐蚀成立体线的手法制作而成。壁画反映了唐宫廷生活的一个侧面，由此可以看到开元、天宝年间的政治、经济、文化的鼎盛景况。

关于杨贵妃艺术作品的创作，就是历史与现代的审美组合，九龙湖也有这种特点。九龙湖，面积约 5300 平方米，九龙桥将湖面分为上、下两湖，上湖建有现代喷泉设施，下湖有龙船和贵妃入浴雕像。湖东岸模拟布成石堤，山石横卧，“风景这边独好”“龙湖镜天”“华清胜地”等题字雕刻在自然山石上。环湖建有龙石舫、九曲回廊、沉香殿、飞霜殿、宜春阁、宜春殿、龙吟榭、晨曦亭、晚霞亭等仿唐宫殿和亭阁。以红色为主调，配以青松翠柏，垂柳草坪等绿色植物，令人赏心悦目。碧波粼粼的九龙湖宛如瑶池仙境，沿湖四周殿宇对称，廊庑逶迤，龙桥横亘，柳荫匝岸。龙舟有轻拽欲行之势，亭台有相映和谐之趣。九龙湖边长堤旁共有九条龙，湖边的飞霜殿映衬得湖面更加美丽。到了每年冬天，雪花漫天飞舞，银装素裹，唯有飞霜殿前落的是白霜，因为殿前的九龙湖整日热气腾腾，气温较高；又因为天子的寝室里有御寒设施，使室内的温度较高，不积雪，只化为白霜。

现在飞霜殿已经改为接待外国元首和重要领导的接待室。东西为两个配殿，分别为沉香殿和宜春殿。昔日的皇宫禁苑，天子御汤已成为融风景园林、文物遗址、温泉沐浴于一体的著名旅游胜地。华清池中的景致沿袭唐代建筑形制，勾栏洞庭，夕阳唱晚，唐风古韵淋漓彰显。以九龙湖为中心，依山环水，殿宇恢宏，龙桥卧

华清池中所立杨贵妃像

波，曲径通幽，景致十分优美，既有北方皇家园林的大气磅礴，又有南方贵族庭院精致典雅的特点。

显而易见，华清池名山胜水成奇葩，构成了集旅游、文物、园林、沐浴、娱乐、餐饮为一体的综合性文物游览场所。华清池先后接待了周恩来、宋庆龄、邓小平、江泽民、胡锦涛等党和国家领导人及美国前总统卡特、英国前首相希思、意大利前总统佩尔蒂尼、瑞典前首相卡尔松、法国前总统希拉克、墨西哥总统福克斯等百余位国家元首。华清池除接待国内外领导人，每年还吸引着数百万海内外游客慕名前来参观，现成为大众的游览胜地。一位叫钱俊瑞的名人游完了华清池，有感而发，写下了这首富有时代意义的诗篇：

骊山一笑三千年，百代兴亡云雨间。
却喜温泉一股水，而今不洗帝王颜。

华清池，是荡漾在文人墨客情感世界的一泓碧水，也是文人雅士妙笔赞叹的一方圣地。因为唐玄宗与杨贵妃的种种传说，这个古代皇宫苑囿，被涂上一层层神秘色彩。人们或是来此凭吊，或是来此寻幽，或是与历史对话，或是发思古之幽情。不知多少现代人踏在古代皇家屐履所留下的足迹之上，也不知道多少次与衣袂飘飘的盛装宫女擦肩而过。叮咚作响的泉水声，与古人计时的更漏相唱和，不经意间已经走过了千年。世事变迁，沧桑交替，不变的是人们在华清池畔所踩踏出的经久不息的足音。自然资源和人文资源兼备，这正是华清池得天独厚的优势，正是华清池长盛不衰的精神底蕴！

敬　告

本书使用的部分图片作者未能联系，深表歉意。敬请原作者及时与我社联系，提供您的联系地址、邮编和电话号码，我社将按照有关标准给付稿费，谢谢。

西安曲江出版传媒股份有限公司

2011 年 10 月 10 日

图书代号:SK11N0598

图书在版编目(CIP)数据

骊泉暖香/徐卫民　刘大明著. —西安:陕西师范大学出版总社有限公司,2012.1
(骊山物语)
ISBN 978-7-5613-5613-5

Ⅰ.①骊… Ⅱ.①徐… ②刘… Ⅲ.①温泉-介绍-西安市 Ⅳ.①K928.4

中国版本图书馆 CIP 数据核字(2011)第 107515 号

骊泉暖香

作　　者	徐卫民　刘大明
责任编辑	范婷婷
文字统筹	张爱林
封面设计	西安美灵广告有限责任公司
出　　版	陕西师范大学出版总社有限公司 (西安市长安南路 199 号　邮编 710062)
发　　行	西安曲江出版传媒股份有限公司 (西安市雁塔南路 300-9 号曲江文化大厦 C 座　邮编 710061)
网　　址	http://www.snupg.com　http://www.xaqjpm.com
印　　刷	西安煤航信息产业有限公司
开　　本	710mm×1020mm　1/16
印　　张	9.75
字　　数	100 千
版　　次	2012 年 1 月第 1 版
印　　次	2012 年 1 月第 1 次印刷
书　　号	ISBN 978-7-5613-5613-5
定　　价	36.00 元

读者购书、书店添货或发现印刷装订问题，请与本公司营销部联系、调换。
电　话:(029) 85458066　85458068 (传真)